CHRISTIAN KRÖMER

MIR DOCH WOSCHD!

Omas Rezept zum Glücklichsein

FÜR OMA

VON CHRIS

Ich sitze da, schau dich einfach an,
weiß nicht, wie lang ich das noch kann.
Streichle deine Hand, ganz sanft,
denn das nimmt mir meine Angst.

Vor der Stille, die bei uns nie sollte sein,
denn Blödsinn fiel uns bis jetzt immer ein.
Dich zu beschreiben, fällt mir nicht schwer,
denn **ENGEL** sind fünf Buchstaben und nicht mehr.

Bekannt wie ein Star im Fernsehen bleibst du bescheiden,
deshalb können dich die Leute auch so gern leiden.
Mein allergrößtes Geschenk auf dieser Welt
bist du, liebe Oma, taffer und stärker als jeder Superheld.

Bewundere dich schon immer sehr,
denn du beeindruckst mich von Tag zu Tag mehr.
Als Vorbild gehst du stets voran,
zeigst, was man mit starkem Willen erreichen kann.

Gelernt von dir,
wie ich glücklich werde,
indem ich Freude teile,
mit meinen Liebsten auf der Erde.

Mal ernste Themen, mal was zum Scherzen,
schenkst so vielen Menschen Liebe
und bleibst für immer in unseren Herzen.

Gibst mir immer Mut und sorgst für mich,
deshalb schrieb ich dieses Buch für dich.

Oma, ich liebe dich.

INHALT

VORWORT 
HEY, ICH BIN CHRIS

»*Servus zusammen, ich hoffe, euch geht es allen gut.*« Mit dieser Aussage fangen viele meiner Storys auf Instagram an, und so möchte ich auch mit meinem Buch beginnen. Ich liebe es einfach, fröhlich in den Tag zu starten und gute Laune zu verbreiten. Denn es macht mich glücklich, wenn ich Menschen in meiner Umgebung ein Lächeln schenken kann. »Ich hoffe, euch geht es gut« ist für mich also keine belanglose Floskel, sondern mein Wunsch, dass es euch wirklich gut geht und wir gemeinsam viele schöne Momente erleben können. Momente, die für die Ewigkeit bleiben. Denn es sind genau diese, die das Leben lebenswert machen. Wie meine Momente mit Oma.

Es sind ganz oft kleine Dinge, die ich mir nebenbei von meiner Oma abgeschaut habe und die man, einzeln betrachtet, nicht direkt als Ratschlag oder Hilfe labeln kann. Doch werde ich sie dir mit diesem Buch näherbringen, damit du nachvollziehen kannst, wie ich ihre Lebenseinstellung interpretiere und in meine moderne Welt übersetze. Denn obwohl Oma 1928 geboren und in einer ganz anderen Zeit aufgewachsen ist, hat sie nach wie vor immer einen guten Tipp parat und macht mich mit ihrer Einstellung und ihren Werten zu einem glücklicheren Menschen. Ganz gleich, ob im Alltag, im Sport, in einer Beziehung oder im Beruf, konnte und kann ich durch die gemeinsame Zeit mit ihr dazulernen und Aufgaben besser meistern. Natürlich habe ich auch viel von meiner Mama Anke, von meinem Papa Kurt sowie von meiner anderen Oma und meinen Opas gelernt. Doch habe ich in den letzten Jahren mit

Oma Lissi so viel Zeit verbracht. Zeit, die mich genau zu dem Typen gemacht hat, der ich heute bin – ein ganz normaler, verrückter junger Kerl, der einfach macht, was er will, immer gute Laune hat und die Zeit mit seiner Familie liebt und genießt.

Bevor ich aber im Februar 2021 die Treppen zu Oma Lissis Wohnung hochgerannt bin, stürmisch die Küchentür aufgerissen habe und laut geschrien habe: *»Oma, ich schreib ein Buch!«* ist einiges passiert. Und genau das möchte ich euch gerne erzählen. Ich habe so unglaublich viele schöne Momente mit ihr und meiner Familie in dieser Social-Media-Zeit erlebt. So viel, was ich in täglichen Storys, Videos und Bildern gar nicht ausdrücken kann. Denn oftmals sind es auch die Momente, in denen das Handy nicht dabei ist: Oma und ich ganz für uns allein, mit unserem blinden Verständnis füreinander, zusammen die Zeit genießen, in der ich so viel von ihr gelernt habe. All das möchte ich gerne an euch weitergeben. Ich würde mich darüber freuen, wenn ich euch mit diesem Buch zeigen kann, wie wertvoll diese gemeinsame Zeit ist, wie man mit 93 Jahren noch so glücklich sein kann und warum die Zeit im Jetzt so wichtig für uns ist. Ich möchte euch mitnehmen auf unsere gemeinsame Reise. Und das von Beginn an.

OMA UND ENKEL
STARTEN DURCH

Wir warten oft auf den richtigen Zeitpunkt im Leben. Suchen nach Ausreden, die uns erlauben, nicht zu starten. Es ist nie zu früh oder zu spät. Du bist nie zu jung oder zu alt. Niemand wird dich daran hindern, wenn du jetzt beginnst.

DU BIST DOCH DER MIT DER OMA

Träume werden oft nicht realisiert, weil wir an der Umsetzung zweifeln und diese uns den Kopf zerbricht. Doch was passiert, wenn wir gar nicht groß nachdenken, sondern einfach machen?

Eine Plattform voller Models, Fitnessexperten und Glitzer. *»Was willst du da mit deiner Oma-und-Enkel-Seite?«, »Bist du jetzt Influencer?«, »Hast du auch einen normalen Job?«* Fragen über Fragen, die ich mir selbst noch nicht beantworten konnte. Wie auch, stand ich doch gerade erst am Anfang. Allerdings gab es neben den Fragen bereits viele positive Reaktionen, die mir zeigten, dass die gute Laune, die ich verbreiten wollte, ankommt. Aber dass es wirklich knallt und unsere Seiten auf Social Media so groß werden, konnte ich doch zu Beginn nicht wissen. Ich hatte einfach damit angefangen, die Dinge, die ich gernhabe und die ich gerne mache, dort zu teilen. Dass dieser Hype kommt, ahnte ich nicht.

»Du bist doch der mit der Oma!« Plötzlich haben mich immer mehr Leute auf der Straße angesprochen und mir erzählt, wie cool sie unsere Instagram-Seite finden. Beim Einkaufen, beim Arzt, beim Sport, im Restaurant oder im Urlaub.

Inzwischen tauchen überall Fans auf, die mir ihr Herz ausschütten und detailliert erklären, was sie mit uns verbinden. Es heißt ja oft, so schnell kann's gehen... Doch so schnell, von jetzt auf gleich, war das auch nicht. Hinter dem Account mit Oma Lissi steckt viel mehr und nicht nur das, was gepostet wird. Im Prinzip mein ganzes Leben, meine Bindung zur Familie, meine Höhen und Tiefen, mein Alltag und größere Projekte – und all das, was mich bewegt und zum Nachdenken bringt.

JEDER AUGENBLICK ZÄHLT

Im Leben kann man nicht verlieren. Alles hat seinen Sinn. Und auch, wenn es oft für den Moment sehr belastend sein kann, wachsen wir gerade in schwierigen Situationen und lernen viel über das Leben. Bemerken, welche Personen uns wirklich wichtig sind und auf wen wir immer vertrauen können. Es sind die Menschen, die wir liebhaben, die uns liebhaben.

Es sind die Familie und die Freunde, auf die wir zählen können. Bei manchen sind es viele, bei den anderen sind es wenige. Doch letztlich ist die Liebe und nicht die Anzahl der Personen entscheidend.

FAMILIE
KRÖMER

Wir, die Krömers, waren noch nie eine große Familie, und bereits in meiner Kindheit habe ich lernen müssen, mit Schicksalsschlägen umzugehen. Einen meiner Opas habe ich leider schon sehr früh verloren. Ich glaube, ich war 6 Jahre alt, als er starb. Auch mein zweiter Opa, also Oma Lissis Mann, ist zu früh von uns gegangen. An diesen beschissenen Tag kann ich mich erinnern, als wäre es gestern gewesen. Ich war 15 Jahre alt und stand im Regen auf der Beerdigung. Alle waren schwarz gekleidet, und alles verlief so, wie Beerdigungen eben ablaufen.

Die trauernde Familie wird von Freunden und Verwandten nach dem Gottesdienst in der Kapelle zum Grab begleitet. Mit gesenkten Köpfen marschierten wir langsam dem Sarg hinterher. Dort habe ich Oma das erste Mal weinen gesehen. Ich selbst konnte meine Augen vor Tränen fast nicht offen halten, als Opa in die Erde gelassen wurde. Gleichzeitig habe ich gefühlt, wie stark die Liebe zwischen Oma und Opa war und wie groß dieser Verlust für sie ist. Opa hat eine riesige Lücke bei ihr hinterlassen. Meine ganze Familie und viele Freunde waren auf der Beerdigung, und wir haben uns gegenseitig gestützt und Kraft gegeben. Uns umarmt und gemeinsam an Opa gedacht.

Es war ein so schrecklicher Tag, doch habe ich zum ersten Mal richtig gespürt, wie wichtig in solchen Situationen der Zusammenhalt in der Familie und mit Freunden ist. Mir wurde an diesem Tag klar, dass ich jetzt nur noch zwei Omas habe. Zwei Frauen ohne ihre Männer, die in meinen Augen zwar unglaublich stark waren, doch trotzdem hatte ich das Gefühl, jetzt noch mehr für sie da sein zu müssen und die Lücke ihres Verlustes zu schließen. Nicht, weil sie schwach waren, sondern einfach, weil es ihnen guttat. Durch den Tod stellte sich ein gewisses Verantwortungsgefühl bei mir ein. Ich weiß nicht, warum ich das vorher noch nicht so stark empfand. Als mein erster Opa starb, war ich natürlich einfach noch zu jung, um die Situation zu verstehen und das Leid meiner Oma zu spüren. Doch dieser Tag, an dem mein zweiter Opa beerdigt wurde, hat in mir viel verändert.

Man redet nicht oft über den Tod, doch inzwischen bin ich mehrmals damit konfrontiert worden. Es ist immer ein schrecklicher Moment, wenn ein geliebter Mensch von uns geht, doch habe ich durch Oma über die Jahre gelernt, damit umzugehen. Der Tod gehört zum Leben, und wir können ihn nicht verhindern. Was bleibt, und das habe ich damals erkannt, sind die schönen Erinnerungen, die wir im Jetzt mit den einzelnen Personen schaffen. Ich denke, je früher man sich damit beschäftigt, dass die gemeinsame Zeit endlich ist, desto eher kann man die Momente mit den Menschen, die man liebt, wirklich schätzen und genießen.

»Opa passt schon noch auf uns auf, der schaut schon runter.«

OMA LISSI, ENGEL AUF ERDEN

Auch die Gedanken an unsere Verstorbenen sind wichtig und richtig: sich mit einem Lächeln an schöne Zeiten zu erinnern und ruhig auch mal eine Träne zuzulassen. Doch eins sollten sie nicht: unser Leben so beeinflussen, dass wir traurig weiterleben. Denn egal, wer von uns geht und wie nah uns diese Person war, wir haben immer noch wichtige Personen, mit denen wir das Leben genießen können und genießen sollten. Die Verstorbenen hätten es nicht anders gewollt.

FAMILY TIME

Durch Opas Tod hat es klick bei mir gemacht. Ich habe begonnen, die gemeinsame Zeit mit meinen Liebsten mehr wertzuschätzen und realisiert, wie schön diese Zeit zusammen ist. Sie ist wahnsinnig kostbar und eben nicht endlos. Von nun an, so nahm ich mir vor, wollte ich meine Omas so oft wie möglich besuchen.

Jetzt fragen sich sicher viele, was wir denn immer so gemacht haben? Man kann ja nicht stundenlang über den Tag reden, sich mit Brettspielen beschäftigen oder essen. Also habe ich begonnen, Quatsch mit meinen Omas zu machen, hab tausende Fragen gestellt oder hab ihnen einfach mal bei ihren täglichen Aufgaben über die Schulter geschaut. Noch etwas grün hinter den Ohren, fällt einem genügend Blödsinn ein. Ich hatte einfach Spaß daran, zu sehen, wie die beiden auf meinen Unsinn reagieren.

Wenn ich zum Beispiel meiner Oma Hilde durch die Haare gepustet habe, hat sie zwar geschimpft und gesagt, ich solle aufhören, aber auf eine so liebevolle Art, dass ich das trotzdem immer wieder mal gemacht habe, einfach, um Situationen aufzumuntern. Das war weder frech noch unerzogen, es stand eher unter dem Motto: »Was sich liebt, das neckt sich«. Man möchte einfach in der Nähe der anderen Person sein und mit ihr interagieren. Egal, ob durch ein kleines gegenseitiges Ärgern oder durch eine liebevolle Umarmung. Das sind genau die Momente, die in Erinnerung bleiben.

Als die Brettspiele zu uncool oder einfach zu oft gespielt waren, wurden sie teilweise durch etwas Neues ersetzt, nämlich durch das Handy und die sich darauf befindenden Kamerafilter-Funktionen. Für mich war das damals neu und eine kleine

Spielerei, die viel Spaß brachte. Gerade wenn wir mit der Familie am Wochenende zusammen gegessen hatten und unsere Omas zu Besuch waren, konnte ich es nicht lassen, das Handy zu zücken und Selfies oder Fotos mit ihnen zu machen – natürlich mit Hunde- oder Schweinchenohren oder einem anderen lustigen Filter. Die ganze Familie hatte dabei ihren Spaß. Wir haben uns teilweise weggeschmissen vor Lachen, wenn sich unsere Omas im Handy mit diesen Filtern gesehen haben. Und glaubt mir, die Reaktionen waren unbeschreiblich witzig.

Das Leben war einfach so schön, alles war wieder perfekt. Wir hatten unsere Omas überall mit dabei und haben die großen Lücken in ihrem Leben, die durch den Verlust ihrer Männer entstanden waren mit Liebe und Zusammenhalt gefüllt.

EIN UNERWARTETER ABSCHIED

Doch dann hatte Oma Hilde einen OP-Termin, an sich ein Routineeingriff am Fußgelenk. Sie war sonst noch sehr fit und agil, nur wünschte sie, sich durch diese Operation wieder frei und unabhängig bewegen zu können, denn sie wollte unbedingt mal wieder verreisen.

Ich hatte mir keine großen Sorgen gemacht, weil ich dachte, sie kommt bald wieder aus dem Krankenhaus. Nach ein paar Tagen war aber klar, sie hatte sich Krankenhausbakterien eingefangen. Alles ging so schnell. Niemand wusste ihr zu helfen. Zwei Wochen nach der OP ist sie völlig unerwartet verstorben. Niemand hatte damit gerechnet, und keiner konnte es verhindern. Wieder dieser Gang zum Grab.

Wieder ein Verlust, der mich wachrüttelte, wie kostbar gemeinsame Zeit ist und wie schnell sie enden kann. Meine Jungs waren für mich da, meine Familie war für mich da und andersrum. Jetzt hatte ich nur noch eine Oma, die ich, wie meine Mama, auf Händen tragen wollte, weil ich sie über alles liebe. Niemand weiß, wie lang man das Leben zusammen genießen darf, und Oma Lissi war zu dem Zeitpunkt schließlich auch schon 88 Jahre alt.

Ich wusste, sie freut sich darüber, wenn ich nach meiner Arbeit bei ihr anrufe oder vorbeischaue. Als gelernter Handelsfachwirt in einem Modehaus arbeitete ich damals immer bis mindestens 19 Uhr und war abends auch oft sehr platt und fertig von meinem Job. Doch, ob ich mich jetzt daheim auf das Sofa gesetzt hätte oder auf meinem Heimweg mal eben noch bei Oma hielt, um auf ihrem Sofa Energie zu tanken, war in meinen Augen gleichwertig. Bei Letzterem konnte ich zusätzlich Oma glücklich machen, supereasy ohne Extraaufwand – einfach schön.

Außerdem gab es auch immer etwas Leckeres zum Abendbrot bei ihr, ein ganz netter Nebeneffekt, wie ich finde. Aber Spaß beiseite.

**»Das hast du von deinen Eltern,
dass du dich gerne und viel kümmerst.
Ich genieße es.«**

LISSI, LIEBLINGSOMA

Was ich damit sagen will, ist, dass der Besuch bei den Großeltern oder eben bei den Menschen, die man gernhat, nicht immer ein Spektakel sein muss. Man kann sich auch einfach mal über den Tag unterhalten, zusammen kochen, zusammen essen oder auf dem Sofa sitzen und sich gegenseitig anschweigen. Das Kostbare ist allein die gemeinsame Zeit, nicht das Geschehen.

DREAMTEAM CHRIS & LISSI

Bilder sagen oft mehr als tausend Worte. Doch erst gemeinsam haben wir sie zu unserer Geschichte geformt. Unschlagbar zusammen, deshalb sind wir für immer vereint.

Für Oma und mich wurde es eine Art Ritual, dass ich mich täglich hab sehen lassen oder zumindest angerufen habe, wenn es beruflich nicht anders ging. Und für diese Entwicklung bin ich unglaublich dankbar, denn deshalb ist alles so gekommen, wie es kommen sollte.

VON LUSTIGEN FOTOS ZU INSTAGRAM-POSTS

Eine gewisse Affinität zu Bildern hatte ich schon immer. Fotos waren mir wichtig. Momente mit Freunden, mit der Familie oder wenn ich allein unterwegs war – ich habe es schon immer geliebt, zu knipsen oder zu filmen. So sammelte sich einiges an, bis der Tag, an dem unsere Online-Geschichte begann, da war. Hin und her überlegt, ob ich starten soll, wie ich starten soll. Die Idee, mit Oma eine Instagram-Seite ins Leben zu rufen, ging mir nicht aus dem Kopf. Ich saß auf dem Sofa und überlegte mit meinem sehr guten Kumpel Stefan, welchen Namen ich dem Ganzen geben sollte. Er hatte einen Vorschlag, der perfekt passte. Mit diesem wagte ich es dann am 7. März 2018, ohne zu wissen, was auf mich zukam.

Spontan, beim täglichen Besuch bei Oma, nahm ich ein Video von ihr auf. Ein Video, in dem sie die Instagram-Seite *lisbeth_lissi* vorstellte. Ich gab ihr, während der Aufnahme, aus dem Off Anweisungen, was sie bitte sagen solle: »Herzlich willkommen auf unserem Instagram-Blog«. Mit gerunzelter Stirn schaute sie mich an und sprach es nach. Instagram war ihr kein geläufiger Begriff, also wurde bei ihrer Wiederholung aus

»Instagram-Blog« ein »Industrie-Blog«. Für jeden Zuschauer ein witziger Moment. Die restliche Vorstellung hat sie gut hinbekommen und echt cool gemacht.

Noch während der Aufnahme beendete sie das Video dann ungewollt witzig und ehrlich zugleich, indem sie mich im Anschluss noch fragte, was ich denn überhaupt mit dem »Gschmarri«, also dem Blödsinn, wolle. Omas direkte, liebevolle und auch unglaublich humorvolle Art kam super an. Das Video verbreitete sich sehr schnell im Netz. Natürlich nicht in dem Ausmaß wie heute, weil wir ja zu diesem Zeitpunkt noch keine Follower hatten. Doch für den ersten Tag gab es überraschend viele Aufrufe.

»Was willst' denn überhaupt mit dem Gschmarri?«

OMA LISSI, QUEREINSTEIGERIN

Ich habe die Seite eröffnet, weil ich Omas besondere Art mit den Leuten teilen wollte. Es gibt so viel Fitness, Fashion und Beauty auf Instagram, da dachte ich mir, ich starte eine Seite, die einfach nur gute Laune macht und ein paar Leuten ein Lächeln schenkt. Mehr habe ich mir damals nicht erhofft und mir schon gar nicht vorstellen können. Anfangs hatte ich noch alte Bilder auf dem Handy, die ich täglich posten konnte, ohne etwas Neues aufzunehmen. Weil ich sowieso jeden Tag bei Oma vorbeischaute, und das nicht nur 10 Minuten, war aber auch Nachschub kein Problem. Ich hatte immer die Zeit, ein Selfie aufzunehmen oder ein kurzes Gespräch mitzufilmen.

DIE COMMUNITY WÄCHST

Ich konnte vorher nicht abschätzen, mit wie viel Freude und Emotionen die immer größer werdende Community unsere Beiträge verfolgte. Es war unglaublich. Ich merkte schnell, wir können vielen Menschen ein Lächeln ins Gesicht zaubern und das Ziel »unsere Seite macht gute Laune« erfüllen. Besonders haben mich die täglichen Nachrichten aus ganz Deutschland gefreut. Nachrichten, die so emotional und rührend waren. Die Absender beschrieben die gemeinsame Zeit mit ihren Großeltern. Sie erzählten von ihrer Kindheit oder was sie später zusammen erlebt haben und was sie mit uns verbinden. Auch viele Geschichten über leider schon verstorbene oder weit weg wohnende Großeltern.

Anfangs saß ich bei diesen Nachrichten vor dem Handy und war etwas überfordert. Ich kann zwar gut mit Menschen, doch habe ich kein Psychologie-Studium. So antwortete ich, was ich in dem Moment eben fühlte, instinktiv. Es war ein schönes Gefühl, dass fremde Menschen so vertraute Nachrichten schrieben und Wert auf meine Antwort legten. Ich konnte dem ein oder anderen Kraft und Hoffnung in schwierigen Lebenssituationen geben. Es half ihnen, dass ich mir die Zeit nahm, mich mit ihnen auszutauschen. Immer mehr wurde mir bewusst, wie dankbar ich für den Zusammenhalt in unserer Familie sein kann, denn viele Follower erzählten mir, dass ihre Familien zerstritten sind.

Der Gedankenaustausch mit den Fans packte mich, und ich textete Tag und Nacht. Teils, um zu trösten und teils, um gemeinsam zu lachen. Es machte mich glücklich. Kein Wunder, bei Nachrichten wie diesen:

»Meine Oma hat auch so eine tolle Frisur gehabt. Immer gepflegt und ordentlich. Dieser Oma-Kleidungsstil ist einfach putzig und schön. Wenn Lissi mit ihrem Blumenoberteil in der Küche steht, erkenn ich sofort meine Oma in ihr wieder.«

»Hey, Chris, ich verfolge eure Seite jeden Tag. Meine Eltern haben sich leider mit meinen Großeltern zerstritten, als ich noch sehr klein war. Der Kontakt ist abgebrochen, und ich habe sie seit Jahren nicht mehr gesehen.

Jetzt bin ich 19 Jahre alt. Hab deinen Account mit Oma Lissi entdeckt und spontan zum Hörer gegriffen. Meine Oma hat mit mir über zwei Stunden telefoniert. Ich kann es nicht in Worte fassen. Aber ich bin dir unglaublich dankbar, dass ich die Seite von euch heute entdeckt habe und das Telefon in die Hand genommen habe …«

»Meine Oma hat auch immer heißes Wasser zum Abspülen genutzt. Sie hat genauso viel Butter gebraucht und immer darauf geachtet, dass ich genug zum Essen habe.«

»Ich habe deine Seite entdeckt und mir jetzt vorgenommen, mindestens dreimal in der Woche meinen Opa zu besuchen. Er ist viel allein, und wenn ich euch sehe, bekomm ich den Drang, mich bei Opa zu melden. Schon die letzten beiden Tage war ich dort, und er hat mich immer herzlich begrüßt und sich riesig gefreut. Er ist leider krank, und trotzdem war ich zu selten da. Ich kann ihm damit sicher noch eine schöne restliche Zeit schenken.«

Wow, wie cool ist das denn, bitte? Dass man mit so einfachen Mitteln, ein paar Bildern und ein paar Videos, das alles bewirken kann, wie zum Beispiel, eine Familie wieder zu vereinen. Ihnen zu zeigen, dass es zusammen schöner ist als mit dem alten Ärger und einer gespaltenen Familiensituation. Wenn das geht, dann sollte man doch genau da weitermachen, habe ich mir damals gedacht. Versteht ihr, was ich meine? Solche Nachrichten von unseren Fans haben mich Tag für Tag geflasht. Ich habe so viel Freude darin gefunden, fremde Menschen glücklich zu machen, sie aufzumuntern, ihnen zu sagen, warum es wichtig ist, die Zeit zu genießen oder wie man besser mit dem Tod umgehen kann, wenn geliebte Menschen nicht mehr da sind.

Bei mir war es die Instagram-Seite, mit der es ›Klick‹ gemacht hat. Mit der ich verstanden habe, dass man mit einem guten Herzen viel Schönes erreichen kann. Bei anderen ist es möglicherweise eine wohltätige Organisation oder einfach generell die Nächstenliebe im Alltag. Ich denke, wir spüren selbst, wenn wir etwas Gutes tun. Und wann wir wirklich etwas bewegen und verändern können. Habt ein gutes Herz und handelt danach, dann verändert ihr nicht nur euer Leben, sondern verbessert auch noch das von anderen.

ERFOLGREICH IM NETZ

Wir alle hängen täglich am Handy. Wir wollen immer wissen, was es Neues gibt, tauschen uns aus mit Freunden und der Welt. Wir lassen uns inspirieren und teilen uns mit – alles mit dem Smartphone. Es ist einfach nicht mehr aus dem Alltag wegzudenken.

Online zu jeder Stunde. Hier mal ein Bild verschickt, da mal ein Video gepostet. Und warum das Ganze? Weil es uns Spaß macht. Jeder hat ein Hobby oder einen Job, worüber er gerne berichtet und könnte seine Geschichten mit Fotos und kurzen Filmen untermauern. Denn nur so schaffen wir es, Freunden ein wirkliches Bild in den Kopf zu setzen. Auch mir ist das bereits aufgefallen. Wenn ich von Oma Lissis Küche spreche, stellt sich jeder Omas Küche vor, weil ich sie schon hunderte Male gezeigt habe. Oder von ihren leckeren Pfannkuchen oder ihrem Sessel im Wohnzimmer. Ganz gewöhnliche Dinge. Des-

halb bekam ich anfangs immer wieder zu hören, dass Leute nicht verstehen konnten, was an uns denn besonders sein soll. Dabei wollte ich ja auch nicht sagen: »Hey, schaut her, wie cool oder wie süß wir sind«. Genau wie viele andere im Netz, wollte ich einfach nur zeigen, was ich gerne mache.

Heute kann ich zurückblicken und stolz sagen: Ich habe mich von kritischen Kommentaren nicht entmutigen lassen, bin drangeblieben, auch wenn mein Umfeld es teils belächelt hat. Ich habe fest daran geglaubt, etwas Neues, etwas Großartiges zu schaffen, etwas, das bleibt. Damals vielleicht noch nicht vielen, aber ich konnte einigen Menschen etwas schenken: ein Lächeln, eine Erinnerung an ihre Großeltern oder eben ein Wachrütteln, um die Familie wieder mehr in den Fokus zu rücken. Und schließlich ist die Zeit, die ich mit meiner Oma verbringe, eine Win-win-Situation für alle Beteiligten. Ich wusste, wenn ich dranbleibe und mich nicht aufhalten lasse, werden alle daran Freude haben.

MEMO

Ihr denkt euch jetzt vielleicht, wer hätte mich denn dabei aufhalten sollen? Wahrscheinlich ist aufhalten auch das falsche Wort. Es geht mehr darum, ein junger Typ zu sein, Anfang 20, vor seinen Kumpels zu stehen und zu sagen: Ich liebe die gemeinsame Zeit mit meiner Oma, ihr könnt denken, was ihr wollt. Und stimmt, ich kann heute Mittag nicht mit Playstation spielen, weil mir die Zeit mit Oma wichtiger ist.

Sie wurde immer mehr zu meinem Lebensmittelpunkt. Nicht nur abends, nicht nur einmal, sondern immer öfter auch zweimal am Tag habe ich Oma besucht. Jedes Treffen hat sie gefreut, mich gefreut und auch viele Menschen im Netz, bei denen es ein tägliches Ritual war, unsere neuen Bilder und Videos anzuschauen.

Ich habe einfach sehr früh begriffen, was Familie und Freundschaft bedeuten. Welchen Stellenwert sie haben und wie unglaublich schön es ist, die Zeit mit einer Person wie Oma Lissi zu genießen, solange sie noch bei uns ist. Ich habe gesehen, wie ich das kombinieren kann mit der modernen Welt. Dass es kein Pflichtbesuch bei seiner Oma ist, sondern dass man die Zeit mindestens so sehr genießen kann, wie all die anderen Dinge im Leben, die Spaß machen.

UND DANN KAM TIKTOK

Es war im November 2019. Ein paar Wochen zuvor hatten wir unseren TikTok-Kanal veröffentlicht und einige Videos gepostet. Es hat einfach Spaß gemacht. Ihr kennt sicher dieses Gefühl, wenn man etwas Neues ausprobiert, voller Energie und mit etwas Anspannung an eine neue Sache rangeht und sich nicht ganz sicher ist, ob es cool ist oder nicht. So war es mit unserem Start auf TikTok auch. Dann kam der Tag, an dem die Aufrufe schlagartig explodierten. Bis abends war es ein ganz normaler Oma-Tag. Ich rief Oma an, als sie gerade am Frühstückstisch saß. Sie erzählte von ihrem Tässchen Tee und einem Stückchen Kuchen. Das war fast jeden Tag das Beste für sie am Morgen. In wenigen Worten und ihrer direkten Art lud sie mich zum Mittagessen ein, schon fast wie ein Befehl oder Kommando: *»Kommst um 12 Uhr zum Essen, Christian. Und sei pünktlich!«* Wie so oft, bekam ich gerade noch ein *»Ja, ich komme«* heraus, bevor sie aufgelegt hatte.

Um Punkt 12 Uhr klingelte ich bei Oma. Wehe, eine Sekunde zu spät, dann würde ich zu hören bekommen: *»Das Essen wird doch kalt!«* Ich stürmte die Treppen hoch, und sie stand wartend in der Tür. Eine kleine Frau, gerade mal 1,58 Zentimeter, mit einem einnehmenden Lachen im Gesicht. *»Geh rein. Mach die Tür zu. Das Essen ist schon fertig.«* Mein Blick fiel, wie immer, direkt auf den Herd. Oma war bereits wieder mit einer Hand an der Pfanne und mit der anderen am Regler vom Herd. Der Pfanneninhalt schimmerte gelblich und der Geruch war unwiederkennbar: Pfannkuchen. Ich bin mir oft nicht sicher, ob sich mehr Fett oder Teig in der Pfanne befindet. Für Oma aber zählt nur eins: Es muss schmecken.

Der Tisch war schon gedeckt. Zwei weiße Teller mit Goldrand. Eine gefüllte Schüssel mit Salat, der immer gleich angemacht wurde: Essig und Öl, Salz und Pfeffer, etwas Zucker, und dann wird die Schüssel kurz unter den Wasserhahn gehalten – fertig. Zwischen unseren Tellern platziert war die alte, mit Blumen verzierte, Zuckerschüssel. Denn ob mit Marmelade oder mit Zucker, Oma mag es süß. Sobald die Pfannkuchen auf dem Tisch standen, wurde nicht mehr viel geredet. Schon ein *»Guten Appetit, Oma«* ist da zu viel und wird beantwortet mit einem *»Dou etz essen!«*, was so viel heißt wie: *»Sei leise und fang an zu essen.«* Ich habe es mir schmecken lassen, bis zum letzten Bissen. Manchmal quäle ich mich sogar mit einem Nachschlag. Doch mir ist es lieber, wegen zu viel Essen zu leiden, als Oma das Gefühl zu geben, mir hat es nicht geschmeckt, und sie leidet.

Nach dem Essen und dem gemeinsamen Abwasch ging ich zum Lernen ins Wohnzimmer, denn zu dieser Zeit ging ich in die Uni und musste mich auf eine Prüfung vorbereiten. Das Wohnzimmer ist voller Erinnerungsfotos. Sie sind eingerahmt und überall im Raum verteilt. Teilweise in Schwarz-Weiß und teils ausgeblichen. An der Inneneinrichtung hat sich schon mehrere Jahrzehnte nichts mehr verändert.

Der Nachmittag verlief wie gewohnt. Oma legte sich nach getaner Arbeit in den Sessel, die Armlehnen bedeckt mit kleinen Handtüchern, damit sie sauber blieben, die Füße nach vorne auf den Hocker ausgestreckt, die durchgelaufenen Hausschuhe standen ordentlich neben ihr auf dem Boden. Der Kopf berührte die Rückenlehne nicht, weil der Friseur gerade erst da war. Die Tage danach hält Oma beim Schlafen den Kopf eher starr, um die Frisur am Hinterkopf nicht zu zerdrücken. Ich war konzentriert und versuchte, das Wissen einzusaugen, um es am nächsten Tag unkontrolliert bei der Prüfung aufs Blatt zu pusten. In etwa so wie Oma, die im Tiefschlaf neben mir lag, lange über die Nase einatmete und mit einem kräftigen Stoß, sodass ihre Oberlippe flatterte, wieder ausatmete.

Um 17 Uhr wachte sie auf, und es kam der erste Gedanke ans Abendessen. Auf einem roten gepunkteten Tablett wurde in der Küche alles sortiert und anschließend ins Wohnzimmer gebracht. Butterbrot, Wurst, Käse, ein paar Gurken und Tomaten.

Von allem sei reichlich da, so Oma, und sparen solle ich beim Belegen des Brotes bloß nicht. Kennt ihr das? Auch ein ganz normal belegtes Brot schmeckt bei Oma immer besser.

»Des is mir woschd, ob des g'sund is. Mir schmeckt's halt.«

OMA LISSI, BUTTERBROTEXPERTIN

Wir hatten fertig gegessen, als sie in ihrem Süßigkeitenschub ein paar Salzbrezeln herauskramte, auf die sie Heißhunger hatte. *»Da glustert es mir jetzt danach«*, erklärte sie mir mit einem breiten Grinsen und voller Vorfreude. Ich wusste nicht genau, was jetzt passiert, aber Oma setzte sich wieder entspannt an den Tisch, nahm ihr Brotmesser, schnitt ein großes Stück Butter ab und strich es auf die Brezel. Es war so viel Butter, dass mehr nicht draufgepasst hätte. Ich zückte mein Handy, begann zu filmen und zu fragen: *»Ist das gesund, Oma?«* Sie kaute noch immer auf der ersten Butterbrezel, während sie schon die nächste bestrich. *»Des is mir woschd, ob des g'sund is. Mir schmeckt's halt!«*, erwiderte sie kauend. Ich konnte kaum mehr vor Lachen. Wie sie es doch schafft, ihre geliebte Butter überall in Einsatz zu bringen.

Ich habe den kurzen Butterbrezel-Clip noch am Abend gepostet. Das Video hatte nach einem Tag über 300 000 Aufrufe auf TikTok. Ich konnte es kaum glauben, die Follower und

Aufrufe stiegen täglich weiter. Der Satz »Mir doch woschd« wurde deutschlandweit bekannt. Oma Lissi und Enkel Chris wurden bekannt. Und die gemeinsame Geschichte hatte einen neuen Höhepunkt. Ich bekam so viele Nachrichten zu dem Butterbrezel-Video – aus allen Ecken von Deutschland, aus Österreich und der Schweiz. Jede einzelne habe ich damals gelesen. Oma und die Liebe zur Butter. Es hat mich wirklich gefreut, dass dieser Moment, dieser Spruch von Oma und dieser Tag der Durchbruch für unseren TikTok-Account war. Das hätte ich am Morgen noch nicht zu träumen gewagt.

Tag für Tag veröffentlichten wir neue Videos. Immer kreativer und witziger. Mal aus unserem Alltag und mal mit wirklichem Konzept. Die ganze Familie machte mit – ob vor der Kamera oder dahinter. Es sind unvergessliche Stunden, die wir hatten, um ein 15- bis 30-Sekunden-Video abzudrehen. Teilweise hat das wirklich Stunden gedauert. Aber gut, war doch auch schön, sonntags nach dem Essen ein abwechslungsreiches Programm zu haben. Ich hatte immer wieder neue Ideen, die die Familie dankbarerweise mit umgesetzt hat. Wie ein kleines Filmteam, die Krömers am Set. Es war nicht alles professionell, aber Spaß hat es gemacht.

OMA, WIR WERDEN BERÜHMT!

Nach dem ersten viralen Butterbrezel-Video verstrichen ein paar Monate, und die Videos gingen immer öfter durch die Decke. So weit nach oben, dass plötzlich TikTok Deutschland anrief. Sie wollten Oma und mich bei ihrer nächsten deutschlandweiten Kampagne dabeihaben. Wir konnten es erst gar nicht glauben. Auch wenn zu dem Zeitpunkt die ein oder an-

deren Follower dazukamen, gab es noch viel, viel größere Accounts auf der Plattform. Mit Millionen von Followern, im Vergleich zu denen wir ja mickrig waren. Ganz egal, wir waren dabei.

Für die Kampagne wurde aber nicht etwa ein bestehendes Video oder Bild genommen. Nein. Wir hatten ein professionelles Shooting. Oma hat sich gefühlt wie ein Star.

Vor dem Shooting wurde sie von einer Stylistin geschminkt und frisiert. Sie hat währenddessen so sehr gestrahlt. Nicht, weil sie endlich mal geschminkt wurde – das braucht sie gar nicht, sie ist eine Naturschönheit –, sondern weil sie behandelt wurde wie die Queen. Oma musste quasi nichts weiter als lächeln, sonst wurde ihr alles abgenommen. Ich war happy, sie so fröhlich zu sehen. Doch das war erst der Anfang. Und auch das allererste Mal, dass ich sie auf Händen getragen habe, also so richtig, fürs Foto nämlich. Es sind ganz besondere Bilder von Oma und mir entstanden, die für die Kampagne genutzt wurden.

Es stand fest, dass ein großes Plakat in München hängen würde. Meine ganze Familie war aufgeregt und hat sich gefreut, einen Ausflug zum Plakat zu machen. Also sind wir losgefahren. Es war wunderschön. Wieder ein Tag, an dem Oma etwas mehr verstehen würde, welche Auswirkungen die gemeinsamen Bilder und Videos eigentlich haben.

Die gesamte Family war gespannt, wie das Plakat in echt wirkt. Fragen über Fragen gingen mir durch Kopf: Wie wird Oma reagieren? Wie werden meine Eltern reagieren? Ich war froh, als wir dann endlich da waren. Es war gigantisch. Wir haben vor dem Plakat geparkt und mussten auf die gegenüberliegende Straßenseite, um das Bild komplett zu sehen.

Oma hatte es bis zu diesem Augenblick noch gar nicht wirklich wahrnehmen können. Dann drehte sie sich um – boom! Sie traute ihren Augen nicht.

Mindestens 10 mal 10 Meter groß! Eine herzerwärmende Aufnahme, wie Oma von mir einen Kuss auf die Wange bekam. Ein beeindruckendes Bild.

Wir standen davor und haben es erstmal auf uns wirken lassen. Alle waren glücklich und sprachlos. So riesig. So schön. Und so zauberhaft, wie Oma dann stolz zu mir blickte und mir mit einem Augenzwinkern zu verstehen gab: »Gut gemacht, Junge.« Da hatte sie es dann wirklich realisiert: Sie war berühmt.

»Wenn ich meine Enkelkinder bei ihren Sachen unterstützen kann, ist es schön, und dann mach ich das auch.«

OMA LISSI, TIKTOK-STAR

Der restliche Tag war unvergesslich. Wir sind in Tracht durch München spaziert und haben uns amüsiert. Noch Wochen danach wurde Oma von Bekannten und Freunden angesprochen, dass sie unseren Ausflug mitverfolgt hatten und wie toll sie es fanden. Es ist immer wieder interessant mitzuerleben, wie Oma zum Teil verlegen reagiert, aber dann doch sehr stolz ist, was da im Internet alles passiert, auch wenn sie es nicht direkt nachvollziehen kann.

30
ZONE
1000 Küsse für Mama
Oma
Stockerpoint

@lisbeth_lissi_chris
Alles beginnt auf TikTok

@lisbeth_

CHRIS
02
LISBET
01

QUALITY TIME – GEMEINSAM LEBT SICH'S GLÜCKLICHER

Wenn verschiedene Generationen zusammen viel Zeit verbringen, ist das eine Win-win-Situation für alle. Die Jungen profieren von der Lebenserfahrung der Älteren, die Alten von der Neugier und Energie der Youngsters.

OMA, MEIN COACH FÜR ALLE FÄLLE

Es ist immer Ansichtssache, ob man etwas positiv oder negativ betrachtet. Denken wir in Chancen wie Oma, lebt es sich leichter.

Im Leben haben wir immer wieder Hindernisse zu bewältigen, bei denen wir stark sein müssen. Stark nach außen, obwohl wir innerlich unsicher und hilflos sind. Wir wollen stark sein, um es uns selbst zu beweisen. Wir wollen aber oft auch einfach stark sein, um es all den Leuten zu beweisen, die nicht an uns glauben. Um ihnen zu zeigen, dass wir nicht aufgeben. Die Meinung dieser Leute sollte uns theoretisch egal sein. Trotzdem ist sie ein Ansporn, der uns noch mehr Kraft gibt bei der Umsetzung unserer Aufgaben. Kämpft man für sich allein gegen die Hindernisse an, wird es ein langer und anstrengender Weg. Wenn man sich nicht unterkriegen lässt, wird das letztlich auch klappen. Doch selbst Oma meinte mal zu mir: *»Es ist keine Schande im Leben, sich Rat und Unterstützung in der Familie oder bei seinen Freunden zu suchen, es ist sogar empfehlenswert. Denn man kann nicht alles wissen. Man lernt nie aus und sollte immer offen sein, von anderen zu lernen. Diese Einstellung bringt einen immer weiter, da* *spielt das Alter keine Rolle. Solange wir filtern können, welche Menschen im Leben es gut mit uns meinen, sollten wir Augen und Ohren offen halten, damit wir von anderen lernen, um uns weiterzuentwickeln.«*

Diesen Rat nehme ich mir seitdem immer zu Herzen, wenn ich vor einer neuen Aufgabe stehe. Ich habe begonnen, alle Aussagen, die ich von Oma gehört habe, als wertvoll anzusehen. Jedes einzelne Wort nutzt sie mit Bedacht. Dies richtig zu interpretieren und immer das Positive des Ganzen zu sehen, habe ich als meine Chance entdeckt. Ich lerne von Oma, indem ich genau hinhöre. Hinter ein paar Worten oder Gesten steckt so viel mehr, dass man das erst erkennen muss, um es für sein Leben richtig zu nutzen.

SAG MAL OMA …

Du bist 1928 geboren. Welche Erinnerungen hast du an deine Kindheit?

Als ich klein war, haben wir immer sparen müssen. Trotzdem war die ganze Familie zufrieden. Ich konnte mir damals nicht jeden Wunsch erfüllen. Das war auch nicht schlimm. Es war einfach eine andere Zeit. Zum Beispiel hat man sich an den meisten Tagen nur grob in der Küche gewaschen. Es gab nur einen Badetag in der Woche. Dann wurde eine Wanne ins Wohnzimmer gestellt – wir hatten kein Bad. Wir waren vier Geschwister, die sich dasselbe Badewasser teilen mussten, das dafür in Töpfen auf dem Herd erhitzt wurde. Meine Brüder und meine Schwester waren älter und somit immer vor mir dran. Das obere Wasser wurde abgeschöpft, der Dreck und die Seife, und dann wurde frisches Wasser nachgeschüttet. Taschengeld hab ich nicht bekommen. Meine Mutter hatte ja selbst kein Geld. Sie hieß Kunigunde, hatte im März Geburtstag und mein Vater Johann im Dezember. Als mein Bruder vor Moskau gefallen ist, war es eine sehr schlimme Zeit für meine Mutter. Sie wurde dann krank und verstarb viel zu früh.

Oma ist wie ein Motivationscoach, den man sonst für teures Geld buchen müsste. Ich habe gemerkt, dass die Zeit mit Oma einem Trainingscamp für das Leben gleicht und der Coach direkt vor meinen Augen ist.

»Man lernt nie aus und sollte – egal, in welchem Alter – immer offen sein, von anderen zu lernen.«

OMA LISSI, DIE WEISS, WIE DER HASE LÄUFT

Wir beide profitieren von unserer gemeinsamen Zeit, unterstützen uns gegenseitig und gehen den Weg zusammen. Denn zusammen ist man stärker, und es macht zudem viel mehr Spaß, ein Ziel zu erreichen. So leben wir Tag für Tag als Team. Das ist zumindest meine Meinung. Wenn ich Oma aus unserem ersten Beitrag im Frühstücksfernsehen zitiere, hätte ich diesen Abschnitt wie folgt abkürzen können: *»Da gibt's eigentlich keinen Chef bei uns zwei. Der Christian sagt, was er will, und ich sag dann, ob's richtig ist.«*

BEDINGUNGSLOSE LIEBE

Das Schönste, das es gibt auf der Welt, ist die bedingungslose Liebe von unseren Großeltern. Natürlich lieben uns unsere Eltern über alles. Aber sie haben einen Erziehungsauftrag. Schließlich sind sie zum großen Teil verantwortlich dafür, wie sich Kinder entwickeln.

Dazu kommt natürlich das Umfeld im Freundeskreis, im Kindergarten und in der Schule. Denn wir sind alle ein wandelndes Gebilde aus Erinnerungen an Personen, die mit uns im Leben Kontakt hatten.

Wir werden also von jeder Person geprägt. Besonders aber von Mama und Papa, die dafür sorgen, dass wir uns in die richtige Richtung entwickeln – denn, wie Oma sagt, haben Kinder, auch ich mit 27 noch, immer nur Blödsinn im Kopf. Dieser Erziehungsauftrag unterscheidet die Liebe der Großeltern von der Liebe der Eltern.

Ein großer Vorteil der Großeltern ist, dass sie das Aufwachsen der Enkelkinder ganz relaxt und ohne größere Verantwortung von außen betrachten dürfen.

Wenn wir Hilfe brauchen, fragen wir unsere Eltern um Rat. Wenn wir etwas falsch machen, bauen wir auf ihre Unterstützung, um es wieder hinzubekommen. Doch gehört es eben auch dazu, dass sie von uns etwas erwarten, um uns zu erziehen. Vielleicht kennt ihr das auch: Mama war früher nicht sauer oder böse, wenn etwas falsch lief, Mama war enttäuscht. Das ist ein blödes Gefühl für ein Kind, wenn man die Erwartungen der Eltern nicht erfüllen kann. Bei den Großeltern gab es das nicht. Zwar haben auch sie darauf geachtet, wie man sich als Kind gut entwickelt, doch hatte man nicht den Eindruck, Erwartungen erfüllen zu müssen. Die Liebe der Großeltern ist bedingungslos. Man wird definitiv auch erzogen, doch auf eine andere Art und Weise.

Ich weiß noch ganz genau, wie das Gefühl war, mit einer schlechten Schulnote nach Hause zu kommen. Ich habe den Schulweg bewusst mit Umwegen hinausgezögert, schlenderte langsam die Straße entlang.

SAG MAL OMA …

Wie war deine Schulzeit?

Nach der Grundschule bin ich in die Haushaltsschule, wo ich alles rund um den Haushalt gelernt habe: kochen, putzen, bügeln, waschen, flicken. Mein Lieblingsfach in der Schule war Rechnen, das hab ich besonders gut gekonnt. Rechtschreiben und Lesen hat mir auch gefallen. Da ich Linkshänderin bin, musste ich lernen, mit der rechten Hand zu schreiben. Die Lehrer haben mir dazu meine linke Hand festgebunden am Körper. Früher wurde das bei allen Linkshändern gemacht. Ich war in der Schule anständig und ordentlich. Auch als Kind hab ich immer alles aufgeräumt und meine Sachen sauber gehabt. Ich hatte ja auch nie ein eigenes Zimmer.

Mit der Hand an jedem Gartenzaun entlanggefahren, bei Gehsteigen nur dunkelfarbige Steine berührt, weil ich gegen mich selbst gespielt habe, dass die »gefährlichen« hellen Steine nicht berührt werden durften. Doch irgendwann war der Weg auch zu Ende. Und ich wusste, zu spät kommen, wenn Mama Essen gemacht hat, geht auch nicht. Zuhause mit etwas mulmigem Gefühl im Bauch erstmal Mama freundlich begrüßt.

Meine Schultasche nicht, wie sonst, ins Eck gefeuert, sondern brav in mein Zimmer gestellt. Dort direkt die Pausenbrotdosen ausgeräumt und in die Küche gebracht, um unnötigen Stress zu vermeiden. Nach dem Essen die Frage. *»Und? Habt ihr die Mathe-Prüfung rausbekommen?«* Den letzten Bissen schon vor fünf Minuten runtergeschluckt und trotzdem einen Kloß im Hals. *»Ja.«* Ich blickte auf meinen Teller und spielte dabei mit der Gabel rum. Stotternd und mit kleinlauter Stimme habe ich meine Note gebeichtet. *»Ach Christian, du hast doch gesagt, du kannst alles?« »Ja, dachte ich, aber der Lehrer hat voll schwere Fragen gestellt, so haben wir es vorher noch nie gemacht…« »Und was haben die anderen so?«* Diese Frage war doch auch so typisch. Was interessieren denn die andern in dem Moment. Wenn die Note gut ausfiel, wurde auch nicht nach den andern gefragt. Ich denke, da sind aber alle Eltern gleich. Und auch irgendwie verständlich. Schließlich wollen unsere Eltern ja, dass wir die Schule gut meistern.

Bei den Großeltern war es anders. Auch wenn die Note mal nicht so gut war, konnte ich es leichter aussprechen. Ich wusste, es wird einen fragenden Blick geben, der mir schon sagt, dass ich das doch besser kann, aber keine belehrende Rede. *»Ach, das macht nichts, nächstes Mal wird's wieder besser«*, war dann eher die Reaktion, die von Oma und Opa kam. Eine dicke Umarmung und ein liebevolles Streicheln über den Kopf haben mich dann auch wieder aufgebaut.

Das ist wahrscheinlich auch der Grund, warum wir die Zeit mit den Großeltern als so besonders empfinden. Man muss

sich nicht beweisen. Man muss nicht die Person spielen, die die Welt von einem sehen will und erwartet. Wir können bei Oma im Wohnzimmer einfach wir selbst sein.

»Ach, das macht doch nichts!
Das kann doch jedem mal passieren.«
OMA LISSI, TROSTPFLASTER

Wenn es uns gut geht, können wir die Freude teilen. Wenn es uns schlecht geht, werden wir getröstet. Hier gibt es kein Zuviel oder Zuwenig. Für Oma ist es immer genau so richtig, wie wir es machen. Und das ist das Schöne.

GLAUB AN DICH – ICH GLAUB AN DICH

Ich hatte ein wichtiges Handballturnier und wollte mein Bestes geben. Doch war es an dem Tag irgendwie schwierig. Im ersten Spiel hatten wir knapp verloren und das zweite gewonnen. Das Finale war am Nachmittag gegen unseren Rivalen aus der Region. Erschöpft saß ich in der Zwischenpause neben Oma auf der Tribüne.

Die ersten zwei Spiele waren extrem kräfteraubend. Oma lächelte mich an und fragte, was los sei. Ich war noch etwas aus der Puste und schüttelte den Kopf. *»Keine Ahnung, ich will das nächste Spiel nicht verlieren.«* Der Ehrgeiz in mir hat mehr Druck aufgebaut, als ich wollte. Für Oma war es immer »nur« Sport. Im Sinne von: Manchmal gewinnt man, manchmal verliert man, Hauptsache es macht Spaß. Doch sie wusste trotzdem, wie ich in dem Moment fühlte.

Oma rückte ein Stückchen näher zu mir und legte ihre Hand auf meinen Oberschenkel, den Kopf zu mir geneigt, und versuchte, Blickkontakt aufzunehmen, während ich geknickt dasaß. *»Christian, ich glaub an dich«*, sagte sie. In der Sekunde war es wie ein Wachrütteln. Ich war sofort mit Energie geladen und fokussiert. Sie sprach es aus, und ich spürte, wie sehr mich der Satz pushte und ich das komplette Spiel lang nur noch daran dachte. Es war wie verhext. Die Gegner bekamen auf einmal die einfachsten Dinge nicht auf die Reihe. Mein Team und ich glaubten daran, dass wir es packen, strahlten es somit natürlich auch aus, und das beeindruckte unseren Gegner offenbar so, dass wir mit Leichtigkeit gewonnen haben. Ich rannte nach dem Abpfiff direkt zu Oma und umarmte sie. So fest, dass wir fast umfielen. Ich war überglücklich und dankbar für ihre aufbauenden Worte vor dem Spiel. Sie freute sich mit mir und war stolz auf mich. Ein unbeschreiblich schöner Augenblick – ausgelöst durch einen kurzen Satz mit so viel Power. Ich glaub an dich!

»Christian, ich glaub an dich.
Du kannst das!«
OMA LISSI, MOTIVATIONSCOACH

Seitdem ist es mir immer öfter aufgefallen. In sämtlichen Situationen hat Oma mich spüren lassen, dass sie an mich glaubt. Sie musste es nicht einmal mehr aussprechen. Oft habe ich es einfach durch ihre Aura gespürt, manchmal hat sie es auch in andere Worte gefasst. Wenn ich Zweifel hatte und um Omas Rat gebeten habe, kam von ihr auch öfter ein »Ach, dei Gschmarri!«. Was auf unseren Videos für viele Lacher sorgte, hat mich aber in diesen Situationen motiviert.

Wenn man extrem viel Zeit zusammen verbringt, kann man bei Menschen auch zwischen den Zeilen lesen. Heißt, sie hat es immer wieder geschafft, mir zu vermitteln, dass ich in schwierigen Situationen den Kopf nicht hängen lassen soll.

Nicht nur im Sport, auch im Privaten, im Beruf, in der Uni – Oma hat immer an mich geglaubt. Wenn ich also die Situation weitergesponnen habe in meinem Kopf, hat sie auch gleichzeitig gesagt, dass ich an mich glauben soll. Durch ihre stärkenden Worte wurde ich immer selbstsicherer. Im Grunde hat Oma ja auch einfach Recht. Wenn wir eine Herausforderung im Leben haben, ist es ja schon eine Herausforderung. Also müssen wir uns doch die ganze Situation nicht noch schwieriger machen, indem wir anfangen zu zweifeln, vielleicht nächtelang davor nicht schlafen und unruhig den Alltag überstehen, bis das Ereignis endlich passiert ist.

Mich konnte in manchen Phasen der letzten Jahre nichts stoppen. Egal, was ich vorhatte, ich habe es durchgezogen. Ich habe mich bewusst dazu entschieden, mir Oma zum Vorbild zu nehmen und immer fest an mich zu glauben. Das war nicht immer leicht, und wenn ich mal mit mir gehadert habe,

waren spätestens nach dem nächsten Mittagessen bei Oma die negativen Gedanken wieder verschwunden. Plötzlich funktionierte alles viel lockerer und entspannter. Oma hat es mir so oft vor Augen geführt, dass ich das Selbstbewusstsein, dass sie in jeder Situation gestärkt hat, mittlerweile verinnerlicht habe. Egal, vor welchem Problem ich stand, sie hat nie daran gezweifelt, dass es nicht funktionieren könnte und mich mit fürsorglichen Worten motiviert, weiterzumachen und darauf zu vertrauen, dass alles gut wird. In »Ich glaub an dich« steckt auch »glaub an dich.«

Sich von Zweifeln und Unsicherheiten zu lösen und gedanklich zu befreien, mit einem guten Gefühl an Prüfungen oder neue Projekte heranzugehen, ist einfach viel cooler, als zu denken, dass es nicht klappt. Wäre natürlich fatal, zu glauben, dass dir alles gelingt, ohne die Finger zu krümmen. Oma hat immer zusätzlich gesagt: *»Das wird alles gut gehen. Du hast dich ja gut vorbereitet, also mach ich mir da keine Sorgen.«*

Immer wenn ich denke, ich schaffe etwas nicht, kommen mir dann Omas Worte in den Sinn, und die motivieren mich auch heute noch so, wie damals auf der Tribüne beim Handballspiel. So wie Oma mich unterstütze, habe ich begonnen, auch anderen Menschen Mut zu machen, ihnen in schwierigen Situationen Kraft zu geben und sie zu motivieren. Denn all das bringt nicht nur anderen einen Vorteil, sondern es macht auch einen selbst glücklicher. Sich gegenseitig zu unterstützen, ist ein unglaublich schönes Gefühl. In diesem Sinne: Glaub an dich – ich glaub an dich.

GIB OBACHT, CHRISTIAN – ICH DENK AN DICH

Dass uns oft die Kleinigkeiten im Leben glücklich machen, das ist kein Geheimnis. Dazu gehören Momente, Gesten und auch Sprüche. Wenn sie mit Überzeugung und Ehrlichkeit geschehen, müssen es keine großen Dinge sein, mit denen wir einer anderen Person eine Freude bereiten. In vielen Situationen ist schon ein Lächeln ausreichend. Eine Umarmung, die Kraft gibt. Oder eine kleine Bemerkung, die Positives bewirkt.

Die bevorstehende Prüfung, das Vorstellungsgespräch, ein Wettkampf oder ein neues Projekt – auch ich habe immer wieder Zweifel, ob alles wirklich so funktioniert, wie ich mir es vorstelle. Wenn ich sie bei Oma äußere, muntert sie mich nicht nur auf, dass schon alles klappen wird. Sie erwähnt auch, dass sie währenddessen an mich denkt.

»Ich drück dir ganz fest die Daumen, Christian!«

OMA LISSI, GLÜCKSBRINGER

Immer, wenn ich dann mal nervös vor einer Aufgabe stand und niemand um mich war, der mir gerade helfen konnte, hatte ich die gedankliche Unterstützung von Oma. Schließlich hatte sie am Vortag versichert, dass sie an mich denken wird. Auch wenn manchmal, wenn ich ihr später vom Ergebnis berichtete, ein *»Ach, stimmt, du hattest ja deine Prüfung«* kommt. Denn ganz egal, ob sie wirklich gerade an mich denkt oder nicht, habe ich in dem Moment, in dem ich die Aufgabe bewältigen muss, das Gefühl, dass ich nicht allein bin.

Allein mit einer kleinen Bemerkung lässt sich schon viel Positives erreichen. Meistens jedoch sagt Oma: *»Ich hab dir die ganze Zeit die Daumen gedrückt.«* Mit einer Geste macht sie es nach, wenn sie mir das erzählt.

Ich weiß nicht, wie oft ich mich schon von Oma verabschiedete und sie dann noch beim Türeschließen hinterherrief: *»Gib Obacht, Christian!«* Bei dieser Aussage, die mir immer ein Lächeln ins Gesicht zaubert, und der ich immer mit »*Ja*«

zustimme, wird mir jedes Mal warm ums Herz. Ganz automatisch. Ich meine, wenn ich genau darüber nachdenke: Was ist das eigentlich für eine schöne Message? Es heißt ja theoretisch nur, dass man selbst auf sich aufpassen soll, wenn man zum Beispiel in sein Auto steigt. Doch empfinde ich es immer viel kraftvoller. Im Grunde zeigt dieser Satz Liebe und Fürsorge, dass der andere an einen denkt und dich heil wiedersehen möchte. Komischerweise fahre ich dann auch los, hab den Satz *»Gib Obacht«* noch im Ohr und passe automatisch mehr auf. Also denk dran: Mit so einer kleinen Bemerkung erreichen wir schon viel Gutes, ohne wirklich etwas dafür tun zu müssen.

GEH HAM ETZADLA – ODER WILLST BEI MIR WAS ESSEN?

»Hey Chris, wann kommt wieder ein Video mit deiner Oma? Hat sie dich gestern wieder heimgeschickt?« Als der Instagram-Account noch am Anfang war, war ein Satz immer sehr präsent in den Videos und Storys: *»Geh ham etzadla!«*

Auch wenn wir nicht nur fränkische Fans haben, hat mittlerweile wohl jeder verstanden, was es bedeutet. Oma schickte mich immer wieder aufs Neue »nach Hause«. Ganz klar, sie hat eine so unglaublich lustige, trockene Art, und ich musste auch selbst immer wieder schmunzeln, wenn sie das gesagt hat. Doch hinter dem Satz, den manche interpretieren, dass Oma keine Lust mehr auf meine Gesellschaft oder auf Instagram hat, steckt ganz etwas anderes, wie folgende Geschichte zeigen soll.

Ich hatte Feierabend. Wie jeden Tag fuhr ich nicht direkt nach Hause, sondern noch einen Sprung zu Oma. Bei ihr angekommen, das Treppenhaus hoch und ab in die Küche. Handy raus, und die erste Story war im Kasten, während wir uns freundlich begrüßten.

Oma erzählte mir von ihrem Tag: »*Ich habe heute nicht viel gemacht. Am Fenster war ich gesessen. Habe den Leuten zugeschaut, wie sie spazieren gegangen sind. Und wie sie wieder heimgekommen sind.*«

Witzigerweise lehnten wir auch bei unserer Unterhaltung nebeneinander am Fensterbrett, denn es ist und bleibt Omas Lieblingsbeschäftigung, Leute zu beobachten. Ich finde das wirklich interessant, wie sie diese monotone Beschäftigung so schätzen kann. Für sie ist das immer wieder ein richtiges Erlebnis, wenn vor ihrem Hof etwas passiert. Unser Gesicht mit der

Hand gestützt, schauten wir beide weiter in die Ferne. Auch wenn gerade keiner zu sehen war, hatte es etwas Schönes und Entspannendes an sich. Oma erzählt sehr gerne, und ich höre gerne zu.

»Hast denn schon was gegessen, Christian?«

OMA LISSI HAT OFT SORGE,
DASS CHRIS VOM FLEISCH FÄLLT

Nach kurzen Gesprächen kam schnell die Frage: *»Hast du schon was gegessen?«* Bei dieser, für Oma wichtigen, Standardfrage muss ich immer schmunzeln. *»Nein, noch nicht.«* Ich mein, ich kam gerade aus der Arbeit, aber daran denkt sie nicht, denn es ist schon nach 18 Uhr, und da muss man in ihren Augen eben schon gegessen haben. Früher war das so. Wenn Opa von der Arbeit heimgekommen ist, wurde direkt gegessen so gegen 17 Uhr 30, spätestens 18 Uhr. Und wenn Oma im Hinterkopf hat, dass es schon nach sechs ist und ich immer noch nicht Abendbrot gegessen hab, kann sie einfach nicht ruhig bleiben. Wenn ich dann zufällig in diesem Moment ein Video aufgenommen habe, wie sie vom Tag erzählt, platzt es plötzlich aus ihr raus: *»Geh ham etzadla!«* Wie aus dem Nichts, wie aus der Pistole geschossen, schickt sie mich heim. Für den Zuschauer eben immer sehr unterhaltsam und teils unverständlich. Doch ich weiß in solchen Momenten genau, sie will einfach, dass ich was esse. Denn nach einem *»Geh ham etzadla!«* kommt auch direkt ein: *»Oder willst du bei mir was essen?«*

Ich genieße schließlich meinen Feierabend bei ihr und freue mich, da zu sein. Erwähne ich aber bei Oma, dass ich noch etwas erledigen muss, ist ihr einziger Wunsch, dass ich es tue. Nach dem Motto »Was ich heute kann besorgen, das verschieb ich nicht auf morgen«, will sie bei mir Ordnung schaffen und sagt es mir dann eben auch mit *»Geh ham und mach dei Ärbat«*, geh heim und erledige deine Arbeit. Omas Grundsatzdevise, die sie uns auch vorlebt: Man sollte nichts aufschieben. Das gibt's bei Oma nicht. Das Leben ist nicht da, um zu schlafen oder nichts zu machen. Oma ist so unglaublich aktiv und hat immer einen so großen Drang, alles zu machen, wirklich beeindruckend. Genauso wenig, wie sie verstehen kann, wenn ich um 18 Uhr noch nichts gegessen habe, kann sie auch nicht ruhig in ihrem Sessel sitzen, wenn es noch etwas in der Wohnung zu tun gibt – zu putzen, aufzuräumen oder die alte Ordnung wiederherzustellen.

»Geh ham und mach dei Ärbat!«

OMA LISSI, FLEISSIGE BIENE

Mich heimzuschicken mit ihrer fürsorglichen Art, die gleichzeitig lustig wie mürrisch wirkt, ist gut gemeint, absolut. Denn ihre Lebensweise, von geregelten Abläufen bis hin zur Ordnung daheim, hat ihr ein erfolgreiches und glückliches Leben gebracht. Und diese Erfahrung will sie einfach weitergeben. Ich breche das Ganze jetzt nur auf die Ordnung in der Wohnung runter, weil Oma in ihrem Alter ja nicht mehr vor so komplexen Aufgaben im Leben steht, wie etwa Familien oder Berufstätige.

SAG MAL OMA …

Hast du einen Beruf erlernt?
Ich wollte schon immer Lebensmittelverkäuferin werden, bereits als kleines Kind. Nach meiner Zeit als Lohnschreiberin hab ich dann im Verkauf angefangen, weil ich das wollte und gut rechnen konnte. Ich wollte nie andere Berufe, hatte kein Verlangen, wollte nicht reich werden. Ich war zufrieden. Ich war keinem Menschen neidisch, der mehr hatte. Ich wusste, ich bin nicht wohlhabend und muss arbeiten, um mir was leisten zu können.

Wenn ich mich also mal nicht überwinden kann, loszulegen, weiterzumachen oder Dinge abzuschließen – im Job oder im Privaten, ganz egal – dann denk ich an Oma. Stell sie mir bildlich vor. Wie sie, gefühlt mit dem letzten Stück Pfannkuchen im Mund, schon von ihrem Stuhl aufspringt und anfängt, die Teller zusammenzuräumen, um direkt abspülen zu können. Oma ist wie eine fleißige Biene, die mir – egal, ob ich bei ihr bin und sie mich fürsorglich heimschickt oder ob ich mir sie nur gedanklich vorstelle – Elan gibt, damit ich schneller fertig werde. Mein Rat: Probiert es doch mal aus und seid wie Lissi – Bee Lissi. ;)

ICH NEHM DICH ERNST

Ich bin ein lebhafter und verrückter Typ, habe teilweise zu viel Energie und ballere so durch den Tag. Ich habe so viele Ideen und will sie alle am liebsten auf einmal umsetzen, doch ist das zeitlich gar nicht möglich. Meistens fängt es mit einem Tagtraum an. Ein Gedanke schießt mir durch den Kopf. Starr sitze ich da und schweige. Äußerlich nichts zu erkennen, doch in meinem Kopf steigt gerade eine Party. Woher diese Einfälle kommen – keine Ahnung, doch sie sind da, und schon viele davon habe ich im Anschluss verwirklicht.

Vieles hätte ich wahrscheinlich nicht getan, wenn mich Oma nicht so ernst genommen hätte. Egal, wie abgedreht die Vorstellung war und was auch immer ich Oma von meinen Plänen erzählt habe: sie wusste immer, wie ich ticke, dass dieses Überdrehte ein Teil von mir ist. Sicher denkt sie sich oft, *»der Christian spinnt heute«*, und manchmal spricht sie es sogar aus. Doch hat sie mir trotzdem immer vertraut, mich dennoch immer ernst genommen und mich einfach machen lassen, weil sie wusste, dass es klappt.

»Du machst das schon, Christian!«

OMA LISSI, VISIONÄRIN

Jetzt ist die berechtigte Frage: Was soll euch das bringen? Ihr habt schließlich nicht die Möglichkeit, eure verrückten Ideen mit Oma Lissi zu teilen – so wie ich. Ja, das stimmt. Doch werde auch ich meinen Kopf nicht in den Sand stecken, sobald ich nicht mehr die Möglichkeit habe, meine Träume mit meiner Oma zu teilen. Ich weiß, im Herzen ist sie immer bei mir – und das allein zählt.

Auch wenn Freunde und Familie einen teils nicht ernst nehmen, weil das, was wir vorhaben viel zu verrückt klingt oder für sie nicht umsetzbar scheint, sollten wir uns nicht aufhalten lassen. Es ist unser Leben, und aus diesem Grund möchte ich, dass wir selbst stark genug werden und uns auch nicht von eigenen Bedenken stoppen lassen. Und genau dann, wenn wir jemanden wie Oma Lissi bräuchten, müssen wir all unseren Mut zusammennehmen und einfach machen. Lasst also eure Tagträume nicht nur wie eine Party im Kopf erscheinen und dann wie eine Seifenblase platzen. Wenn ihr überzeugt davon seid, habt nur Selbstvertrauen und startet. Sprecht mit den Personen in eurem Umfeld, die euch unterstützen und ernst nehmen. Seht euren ersten Schritt als Experiment. Denn das bedeutet, man hat es probiert, ohne zu wissen, ob es klappt. Sonst wäre es kein Experiment.

STELL DICH NICHT SO AN

Inzwischen haben wir viele Interviewtermine. Die regionale Zeitung, das Radio und das Fernsehen – alle waren sie schon da. In Omas gemütlicher Wohnung, wo sich die täglichen Storys auch meistens abspielen. Die Abläufe an diesen Tagen haben sich über die Jahre verändert, doch erinnere ich mich gut an das erste Mal.

Zu diesem Zeitpunkt gab es nur unseren Instagram-Kanal mit ein paar tausend Followern, als ich einen Anruf bekam: *»Hallo, hier ist Katja, von Bayern 2, dem Radiosender.«* Im ersten Moment war ich etwas sprachlos. Ich wusste, unser Instagram-Kanal ist cool, und wir machen da eine besondere Sache, doch dass sich die Medien dafür interessieren, hätte ich damals nicht gedacht. Nach einem kurzen Telefonat machten wir einen Termin aus. Mit strahlenden, großen Augen saß ich dann im Anschluss vor Oma. Es war so ein Moment, in dem ich nicht wusste, wohin mit meiner Energie und Freude, deshalb brüllte ich es aus mir raus: *»Das Radio kommt!!«* Oma schaute mich fragend an. *»Schrei halt net so! Wohin?«* Sofort erzählte ich ihr alles und berichtete, was in der nächsten Woche passieren würde. Es war superaufregend.

Pünktlich war ich an dem Tag. Ich musste vor der Moderatorin da sein, weil Oma mir schon sehr deutlich vermittelt hatte: *»Wenn die um 11 Uhr kommt, und du bist nicht da, mach ich der net auf.«* Wir warteten im Wohnzimmer. Es sollte entspannt ablaufen. Ich wollte Oma von Beginn an keine Umstände mit Instagram machen, und plötzlich wollten sie ein Interview mit uns. Aber gut, Oma hatte eingewilligt, also war theoretisch alles okay. Das Witzige war, Oma war viel entspannter und cooler als ich. Ich blickte auf die Uhr. *»Jetzt müsste sie langsam kommen.«*

Oma lachte und sprach vor sich hin: *»Der ist erst aufgeregt. Des is doch auch nur a Mensch.«* Die Gedanken in meinem Kopf spielten verrückt, und ich war froh, als es dann endlich klingelte. Das Interview verlief super. Oma hat gesprochen, als hätte sie im Leben schon hunderte Interviews gegeben – wie ein Profi. Ich war unglaublich stolz auf sie, und es hat mich total gefreut, wie sie von uns erzählt hat. Die Art, wie sie sagte, dass ich jeden Tag vorbeikomme und die ganze Familie für sie da sei. Ich war einfach glücklich und erleichtert, dass wir in ihren Augen anscheinend so weit alles richtig machten. Durch

MIR
DOCH

Omas gelassene Art während des Gespräches, kam auch ich immer mehr zur Ruhe.

Im Leben hat man immer etwas Respekt vor neuen Dingen. Ganz egal, in welcher Hinsicht. Viele kennen sicher dieses Gefühl, dass ich beim ersten Interview hatte. Diese leichte Nervosität und Anspannung vor dem Ungewissen. Werde ich es schaffen? Welche Fragen und Aufgaben kommen auf mich zu? Wie wirke ich auf die Zuhörer? Diese und viele weitere Fragen schwirrten vorher in meinem Kopf herum. Im Nachhinein denkt man: Ich hätte viel entspannter an die Sache rangehen können. Die Situation ohne Anspannung genießen und einfach Spaß haben. Das wäre doch die Wunschvorstellung. In Omas Worten: *»Stell dich nicht so an!«* Damit ist sie an das Interview rangegangen, und es war super.

HÖRE AUF DEIN HERZ

Ach ja, wieder so eine Aussage, bei der man nicht weiß, ob es nur ein Postkartenspruch ist oder ob tatsächlich mehr dahintersteckt. Es ist ja immer so eine Sache mit den Weisheiten und Sprüchen. Wie stark glaubt man daran, und wann ist der Punkt erreicht, dass sie nicht mehr ernst genommen werden können. Ich habe da meine eigenen Erfahrungen gemacht und finde das Thema superspannend. Immer wieder poste ich schöne Sprüche unter meine Instagram-Bilder und wurde auch schon oft in meinem Umkreis damit aufgezogen. Klar, auch verständlich, dass die Sprüche nicht bei jedem wirken. Doch das ist ja mega gut, denn die Message berührt immer nur denjenigen, der sie gerade in dem Moment braucht.

Ganz egal, was ich unter meine Posts schreibe, ich höre dabei auf mein Herz. Eine Einstellung, die ich von Oma schon oft mitbekommen habe. Und zwar immer genau dann, wenn ich Oma gefragt habe, wie ich die Frau fürs Leben finde. Denn wie wahrscheinlich viele Menschen habe auch ich das Streben nach einer festen Beziehung und einer eigenen Familie. Kurz zur Einordnung: Ja, ich hatte schon längere Beziehungen, war zeitweise sehr glücklich und bin dafür immer noch sehr dankbar. Doch die Richtige war bis jetzt noch nicht dabei. Wie auch immer mache ich mir trotzdem meine Gedanken dazu.

Ich lebe superhappy solo. Nicht, dass ich gerade auf der Suche bin. Doch Überlegungen, wie die Traumfrau sein könnte, macht man sich ja dennoch. Man möchte ja nicht ewig solo bleiben. Und egal, wie ich sie mir selbst vorstelle, habe ich die Frage natürlich auch meiner besten Freundin Oma Lissi gestellt. *»Wie schaut meine Traumfrau aus?«* Und wie sollte es auch anders sein, habe ich von Oma erstmal ein »Mir doch

SAG MAL OMA …

Gibt es etwas in deinem Leben, das du immer tun wolltest, aber nie gemacht hast?
Nein, ich hab alles gemacht.
Gibt es etwas, das du in deinem Leben bereust?
Nein.
Was gefällt dir besonders an unserer Familie?
Dass wir immer füreinander da sind. Ganz egal, was passiert. Dass wir viel gemeinsam machen.
Was bedeutet dir die Zeit, die wir beide gemeinsam verbringen?
Die kann ich genießen. Die ist schön. Du hast für alles Verständnis. Ich will gar nicht, dass du so viel da bist, weil du deine Freunde nicht vernachlässigen sollst. Ich freu mich aber trotzdem, wenn du da bist. Ich weiß es zu schätzen, und es ist keine Selbstverständlichkeit. Dass hast du aber von deinen Eltern, dass du dich gerne und viel kümmerst.
Wenn du zurückdenkst, welche Dinge sind die wichtigen im Leben?
Gesundheit und Familie sind das Wichtigste.

woschd« zu hören bekommen. Aber ich wollte es genauer wissen und habe deshalb immer mal wieder nachgefragt, in der Hoffnung, eine ausführlichere Antwort zu bekommen.

»Wenn die Frau dich so net will, wie du bist, kann sie bleiben, wo der Pfeffer wächst.«

OMA LISSI, BEZIEHUNGSBERATERIN

Auch wenn ich weiß, dass Oma nicht wissen kann, wie meine Traumfrau auszusehen hat, wusste ich, hat sie sicher einen guten Rat für mich, sie zu finden. Ich habe schon oft im Netz Fragen zu dem Thema gestellt bekommen: *»Auf welchen Typ Frau stehst du? Wie soll sie aussehen? Wie alt soll sie sein?«* Keine Ahnung, Leute, ich kann es nicht beantworten, weil ich »die Richtige« dann so liebe, wie sie ist. Und das erzähle ich jetzt nicht, weil ich nach Dating-Anfragen suche. Die Erkenntnis geht jetzt an alle, die »die oder den Richtigen« noch nicht gefunden haben. Ihr findet die Person, ganz sicher.

Omas Antworten gingen immer in dieselbe Richtung: Bereit für einen Partner seid ihr nur dann, wenn ihr zu euch selbst steht und euch so liebt, wie ihr seid. Rennt also keinem komischen Idealbild nach, das euch Social Media vorgaukelt. Wenn ich bei Oma bin und mir den Zucker verbiete, damit ich mein Fitnesslevel behalte, bekomm ich nicht weniger als sonst. Weil Oma mir direkt ins Gesicht sagt: *»Wenn die Frau dich so net will, wie du bist, kann sie bleiben, wo der Pfeffer wächst.«* Im selben Atemzug gibt sie mir nochmal einen ordentlichen Nachschlag auf den Teller. Und das ist auch gut so.

Klar bin ich ein absoluter Fan von Sport und Bewegung, weil es gut für den Körper und den Geist ist und es einfach Spaß macht. Ich liebe es. Doch ist es unnötig, sich verrückt zu machen und all den Fitnessidealen nachzurennen, um später mal seiner Traumfrau oder seinem Traummann zu gefallen. Wenn man also auf einen durchtrainierten Body einfach keinen Bock hat, dann ist das vollkommen in Ordnung. Viel wichtiger ist, dass man glücklich ist. Jeder hier sollte sich einfach mit sich selbst wohlfühlen. Ich verstehe natürlich diejenigen, die jetzt denken: *»Na ja, schöne Rede, Chris, aber du sagst es ja, du liebst Sport und bist dementsprechend sportlich. Für dich ist es keine Qual.«* Das stimmt. Aber es geht auch gar nicht um Sport, es geht einfach darum, sich nicht für jemand anderen zu verstellen. Oma bezeichnet sich selbst zum Beispiel als unsportlich, sie hat nicht mal das Seepferdchen. So wie sie ist, wurde sie von ihrem Mann geliebt und auf Händen getragen.

Zurück zur Liebe und meiner Traumfrau. Wir können es nie vorhersagen, wer uns jetzt wirklich gefällt und mit wem wir unser Leben verbringen wollen. Doch kann ich so viel aus Omas Ratschlag mitnehmen. *»Höre auf dein Herz, dann findest du schon die Richtige.«* Und nicht nur bei der Liebe sollten wir auf unser Herz hören. Denn in so vielen Situationen hört Oma auf ihres. Alle Entscheidungen sollten aus Liebe passieren und im Herzen entstehen.

WER GESCHÄTZT WIRD, BLEIBT LEBENDIG

Man kann nie zu viel Zeit mit geliebten Personen verbringen. Sich Zeit zu nehmen, bedeutet Wertschätzung und wer wertgeschätzt wird, fühlt sich lebendig.

Im Netz gibt es Fragen über Fragen: Ist es Oma nicht zu viel? Macht ihr das Spaß? Nervst du sie nicht? Was hält sie von dem Instagram-TikTok-Zeug? Mit einer kurzen Nachricht auf Instagram oder einer Antwort auf eine Interviewfrage in der Zeitung ist es da nicht getan. Vertraut mir, schließlich kenne ich Oma am besten, also macht euch keine Sorgen – das wäre die einfachste und schnellste Antwort. Doch möchte ich das Ganze hier mal ausführlicher erklären.

Der Satz »Ich möchte niemanden zur Last fallen« ist gang und gäbe bei älteren Menschen. Zu hören ist er meist, wenn sie krank sind und nicht mehr ohne fremde Hilfe leben können, die Familie sich mehrmals am Tag um den Menschen kümmern muss. Auch wenn die Liebsten es gerne tun, sehen die Alten das anders. Sie merken selbst, dass ihre Kräfte und Fähigkeiten schwinden und sie abhängig werden. Damit haben sie meist ein Problem, denn jemandem zur Last zu fallen, steht im direkten Zusammenhang mit dem Gefühl, nicht mehr gebraucht zu werden.

Überflüssigkeit ist ein so schreckliches Gefühl. Stellt euch mal vor, in der Schule oder in der Arbeit seid ihr die Person, die in der Pause oder bei Aktivitäten nicht mit eingeschlossen wird, weil ihr überflüssig seid. Dieses Gefühl ist – man kann es nicht anders sagen – scheiße. Niemand will überflüssig sein. Wenn die Großeltern also zusammenleben und ihre Ehejahre glücklich genießen, ist es das Schönste, was es gibt. Verstirbt jedoch ein Partner, wie bei uns Opa, entsteht eine große Lücke. Viele Aufgaben, die Oma als Ehefrau erledigt hat, fielen plötzlich weg. Da kam, so glaube ich, die Ablenkung durch mich, ihren Enkel, gerade recht, um sich weiterhin gebraucht zu fühlen.

WER RASTET, DER ROSTET

Vor ein paar Jahren fuhren Mama und ich mal wieder mit einem Wäschekorb voll Hemden zu Oma. Als ich fragte, warum Oma eigentlich alle Hemden bügelt, dass Oma doch schon sehr alt und die Arbeit nicht unanstrengend sei, blickte ich erwartungsvoll in Mamas Gesicht.

Es sollte kein Vorwurf sein, dass Mama die Arbeit ja auch machen könnte, doch beschäftigte mich die Frage einfach. Ein Hemd dauert seine Zeit zum Bügeln. Papa trägt jeden Tag eins, und ich trug zu dieser Zeit auch sehr viele in der Arbeit. Nachdem Mama sie gewaschen hatte, sind sie immer zu Oma gebracht worden, die sie dann in den nächsten Tagen bügelte. Ebenso war es zum Beispiel mit unseren Socken, die Oma immer aus dem Wäschekorb sortierte und fein säuberlich zusammenlegte.

Mama erklärte mir ihre Hintergedanken. Der eine Grund sei ganz offensichtlich: Oma macht das super. Sie bügelt wie ein Profi. Kein Wunder, denn sie macht das schon ein Leben lang. Der andere, viel entscheidendere, Grund sei aber, dass Mama ihr somit eine Aufgabe gäbe. Ohne es direkt zu benennen, würde Oma mit eingebunden und fühle sich somit weiter nützlich.

Es wäre also nicht gut, wenn wir ihr die Aufgabe wegnähmen. Sie meinte auch, Oma könne sich die Zeit ja selbst einteilen, bräuchte sich also nicht zu überfordern. Ich habe in dem Moment einfach nur zugestimmt, aber noch länger darüber nachgedacht. Mir wurde klar, Mama hat Recht.

Genauso wie ich nach Opas Beerdigung das Bedürfnis hatte, mehr Zeit mit Oma zu verbringen, hat Mama sich Gedanken gemacht, wie wir es schaffen, dass Oma nicht in ein

Sag mal Oma …

Was hält dich am Leben?
Ein voller Kühlschrank. Die Familie. Der Zusammenhalt jeden Tag.
Worin siehst du den Sinn deines Lebens?
Ich leb halt, dass ich leb. Ihr seid der Sinn meines Lebens und kümmert euch um mich.
Hast du Angst vor dem Tod?
Nein. Wenn man stirbt, dann ist es halt aus. Ich lieg im Sarg drin, wie jeder andere auch, und dann verfaulst. Aber was passiert, weiß ich doch nicht. Mit solchen Fragen beschäftige ich mich nicht. Was soll ich mir denn heute da schon Gedanken machen. Ich leb, und mir gefällt das Leben, und jeder unterstützt mich und aus. Da denk ich nicht dran. Ich leb jetzt, und wenn ich sterb, dann sterb ich, da mach ich mir aber echt sonst keine Gedanken. Ich leb jetzt und aus. Ich mach mir über die Vergangenheit keine Sorgen, weil wir alles richtig gemacht haben, und die Zukunft kann ich sowieso nicht verändern.

düsteres Loch fällt, ohne ihn. Die Lösung war dann ganz einfach, wir binden Oma noch mehr mit in unseren Alltag ein und geben ihr neue Aufgaben.

TÄGLICH WAS NEUES BELEBT

Auch unser Internetauftritt bringt Schwung in Omas Leben – selbst wenn ich Instagram und TikTok nie so wirklich geplant hatte. Wir sind da halt so reingerutscht. Doch mit der Zeit habe ich gelernt, dass es auf keinen Fall anstrengend für Oma ist, sondern dass sie mit mir in dieser Zeit so viele unterschiedliche Dinge erlebt hat, die ihr Tag für Tag das Gefühl von »ich bin nicht überflüssig« geben.

»Ich genieße die Zeit mit Christian sehr.«

OMA LISSI ÜBER IHREN ENKEL

Und dieses Gefühl fühlt sich für jeden gut an, egal, welches Alter man hat. Es ist ja nicht so, dass Oma lernen muss, wie Social Media funktioniert. Sie kann das Handy auch nicht bedienen, und ich werde einen Teufel tun, ihr das beizubringen. Das muss sie nicht lernen, wofür auch. Es reicht vollkommen, wenn ich dafür zuständig bin. Aus Omas Sicht ist es doch ganz anders. Der Enkel kommt, und es wird viel Verschiedenes zusammen gemacht.

Betrachten wir doch die einzelnen Videos und Storys und brechen den Inhalt runter: Wir kochen zusammen oder backen leckere Kuchen. Wird essen gemeinsam, spülen ab, unterhal-

ten uns. Reden und haben Spaß. Gehen mal spazieren in der Sonne oder sitzen im Garten und essen ein Eis. Wir gehen einkaufen und meistern als Team die wichtigen Dinge im Alltag. Spielen entspannt Karten, aber machen auch mal verrückte Spiele. Sitzen am Fenster und machen nichts oder sorgen für Ordnung in der Wohnung. Erzählen uns Geschichten und geben uns Ratschläge. Wir unterstützen uns gegenseitig und sind füreinander da. Wir genießen einfach die gemeinsame Zeit. Nur einen Bruchteil davon mit Handy in der Hand und Kamera an. Denn Glück ist das Einzige, das sich verdoppelt, wenn man es teilt.

FAMILIENRITUALE VERBINDEN

Als Kind dachte ich mir oft, wie cool es gewesen wäre, wenn unsere Familie größer wäre. Meine Freunde waren am Wochenende immer mit Cousinen und Cousins unterwegs. Oder haben ihre Tanten und Onkel besucht. Bei uns war das anders. Meine Mama und mein Papa sind beide Einzelkinder. Die Überlegung, an freien Tagen die Verwandtschaft zu besuchen, blieb also aus. Was mich früher enttäuschte, entwickelte sich mit der Zeit zum Positiven. Ich bin mir sicher, sowohl Großfamilien als auch kleine Familien haben ihre schönen Seiten. Teilweise unterscheiden sich natürlich Rituale und Traditionen, da bei großen Familien die Organisation eine komplett andere Dimension annimmt, als wenn nur wenige Familienmitglieder eingeplant werden müssen.

Geburtstage, Hochzeiten, religiöse Festtage oder andere Feiern – total schön, zu beobachten, dass in jeder Familie eigene Angewohnheiten entstehen, die alle zusammenschweißen.

Auch in meiner Familie ist mir aufgefallen, dass wir eigene Traditionen haben, die den Zusammenhalt stärken. Zum Beispiel essen wir jeden Sonntag gemeinsam. Mitte der Woche wird in der Familien-WhatsApp-Gruppe besprochen, wo und was am Sonntag gegessen wird. Ob wir daheim kochen, grillen oder in ein Restaurant gehen. Gerade seit wir Kinder aus dem Elternhaus ausgezogen sind und nicht mehr täglich an einem Tisch sitzen, ist es schön, immer wieder zusammenzukommen.

»Schön, dass wir immer füreinander da sind und viel gemeinsam machen.«

OMA LISSI ÜBER IHRE FAMILIE

Meine Schwester und ich sind jung und flexibel, haben einen guten Freundeskreis und immer die Möglichkeit, uns mit anderen Leuten auszutauschen. Das ist bei Oma anders. Natürlich könnte sie auch sonntags kochen, denn in Sachen Selbstversorgung ist sie eine grandiose Meisterin. Doch darum geht es nicht. Es geht um das Gemeinsame. Gemeinsam essen. Gemeinsam reden. Gemeinsam lachen und füreinander da sein. Die gemeinsame Zeit mit Oma wird von uns besonders geschätzt. Niemals gab es je die Überlegung, Dinge ohne sie zu machen.

Für den ein oder anderen vielleicht auch merkwürdig. Warum ist sie immer dabei? Doch für uns ist das ganz normal. Denn ältere Menschen haben es verdient, geschätzt zu werden. So bleiben sie lebendig und glücklich.

Sag mal Oma …

Kannst du dich an deine Großeltern erinnern?
Nur an meine Oma. Die hieß auch so wie ich. Mit ihr konnte ich leider nicht so viel Zeit verbringen, man hatte nicht so ein inniges Verhältnis wie heute. Es waren einfach andere Zeiten. Trotzdem war mir die Familie immer wichtig.
Welche Traditionen oder Feiertage wurden bei euch besonders gepflegt?
Geburtstag haben wir gefeiert. Meine Mama hat an meinem Geburtstag immer einen Gesundheitskuchen gebacken, weil es der Kuchen war, bei dem man am wenigsten Zutaten brauchte. Dann hat die Familie gratuliert, und das war's dann auch. Große Feiern gab es da nicht. Essen sind wir nicht gegangen.

Da sind auf der einen Seite die Familienfeste oder wöchentlichen Sonntagsessen, bei denen wir alle zusammen sind. Doch gibt es auch andere Tage, ganz ohne Halligalli. Es geht dabei aber nicht bloß darum, ein reines Gewissen zu haben, indem man seine Großeltern oder Eltern regelmäßig be-

Sag mal Oma …

Wie hast du Opa kennengelernt?
Den hab ich im Turnverein kennengelernt. Da bin ich mit meinen Freundinnen hin. Dort hab ich ihn getroffen, und wir haben angebandelt. Dann sind wir miteinander gegangen. Als mein Papa gestorben ist, bin ich dann aus der Wohnung raus, weil die für mich allein zu groß war, und bin mit deinem Opa zusammengezogen. 14 Mark Miete haben wir damals gezahlt.
Hat dein Sohn dein Leben verändert?
Na ja, was heißt verändert. Ich musste halt da sein für das Kind, aber anstrengend war es nicht. Ich hab für ihn gelebt und war immer für ihn da. Ich hab ihn großgezogen und war glücklich. Ich war schon etwas alt, als er zur Welt kam – aber gut, er ist auch groß geworden.

sucht. Es geht um die Menschen, die ihr liebhabt. Denen ihr durch eure Anwesenheit etwas Gutes tun könnt, indem ihr ihnen eure Zeit schenkt. Denn diese Menschen haben schon so viel erlebt und oft ein beeindruckendes Leben hinter sich.

Sie wollen nicht die letzten Jahre allein verbringen, sondern Geschichten erzählen, etwas an ihre Nachfahren weitergeben. Niemand von uns will allein sein.

Ich habe gerade erst gelesen, dass es Studien gibt, die zeigen, dass ältere Menschen, die ungewollt allein leben, mehr Ängste haben, öfter unter Schmerzen leiden und häufig Depressionen entwickeln. Und viele Ältere haben ja nicht mehr die Möglichkeit, dieser Situation zu entkommen. Sie sind in der Regel nicht mehr so flexibel wie wir Jungen. Wie viel Zeit wir ihnen schenken oder schenken können hängt natürlich bei jedem von der individuellen Lebenssituation ab. Nicht jeder wohnt gleich weit entfernt und hat denselben Job. Aber es kommt auch gar nicht auf die Zeitspanne an, Hauptsache man verbringt überhaupt Zeit miteinander.

URLAUB VOM ALLTAG – AUCH FÜR OMAS

Was ich sehr empfehlen kann, ist die Zeit abseits des Alltags mit den Liebsten. Mit meinen Eltern sind wir als Kinder immer zusammen in den Urlaub gefahren und haben viele tolle gemeinsame Momente erlebt. Wird man älter, hat man seine Freunde und nicht unbegrenzt Urlaub und Geld, um sowohl mit den Freunden als auch noch zusätzlich mit der Familie in den Urlaub zu fahren. Als meine Eltern im Sommer 2020 mit Oma nach Österreich fahren wollten, fragte uns Mama: *»Kinder, wollt ihr eigentlich auch mit uns übers Wochenende wegfahren?«*. Ehrlich gesagt, hatte ich nicht nur mit meiner Arbeit viel zu tun, ein Wochenende mit den Eltern hatte auch nicht oberste Priorität. Ich wusste ja, dass ich mit Oma sowieso genug Zeit verbringe, also dachte ich, ist ja

nicht schlimm, wenn die Eltern mal mit Oma wegfahren und ich mein Ding mache.

Dann sagte aber meine Schwester spontan zu und überzeugte mich, dass es doch cool wäre, wie früher als Familie wegzufahren. Schon beim Packen kamen Erinnerungen hoch, wie es früher immer war, mit der Familie zu verreisen.

Wir hatten einen kleinen Van gemietet. Oma vorne auf dem Beifahrersitz neben Papa, dahinter Mama und ich in einer Reihe und auf der Rückbank meine Schwester Verena. Es hat sich angefühlt wie ein Schulausflug. Ob es einfach das Feeling ist, wenn man in einem kleinen Bus fährt oder ob es daran liegt, dass meine Familie einer verrückten Schulklasse ähnelt – ich weiß es nicht genau. Wir haben gesungen und Blödsinn gemacht und sind gut in Österreich nach langer Fahrt angekommen.

Am ersten Tag sind wir etwas in der Ortschaft spazieren gewesen und haben abends gemeinsam gegessen. Zeitig waren wir dann im Bett, weil Mama für die nächsten Tage einiges geplant hatte. Es war kein besonderes Hotel, doch war die Stimmung ganz besonders.

Am nächsten Morgen schlürfte die ganze Familie schon gemütlich ihren Kaffee und Tee, als ich zum Frühstück kam. Leicht verpeilt habe ich einen guten Morgen gewünscht und mich erstmal zurechtfinden müssen. Oma ist gleich aufgesprungen und hat mich an die Hand genommen: »*Ich zeig dir mal, wo du dein Essen holen kannst.*« Begeistert hat sie mir alles erklärt. Obwohl ich natürlich wusste, wie ein Buffet im Hotel funktioniert, hörte ich ihr aufmerksam zu, weil sie es doch so lieb erklärte. Sie war schließlich schon Jahrzehnte nicht mehr in einem Hotel gewesen. Mit Blick auf die Berge haben wir

dann gefrühstückt. Auch wenn ich mit allen schon so oft am Tisch saß, war es diesmal anders. Die Situation, außerhalb vom sonst stressigen Alltag, hat mich berührt. Genussvoll in sein Brot zu beißen und dabei den Gesprächen der Familie zu lauschen – schön!

Am ersten Tag stand eine Wanderung auf dem Plan. Startklar und voll ausgerüstet trafen sich alle am Parkplatz. Oma mit ihren Wanderschuhen, die offensichtlich schon etliche Kilometer getragen wurden. Mama mit dem übergroßen Rucksack auf den Schultern, bei dem man nie weiß, was Mütter da alles mitschleppen. Papa mit seinem karierten Wanderhemd, Verena und ich. Ein uriger Anblick, der einem schon Lust auf den Tag machte.

Mit unserem Van sind wir zu einer Seilbahn gefahren, die Mama ausgesucht hatte, um auf die Steinplatte, ein Bergmassiv in Tirol, zu wandern. Mit dem Skilift ging es hoch auf den Berg. Auf den ersten Metern unserer Wanderroute hat Oma alles kommentiert, und man hat richtig gespürt, wie sie, ganz in ihrem Element, aufblühte. Die Berge und das Wandern in der Natur waren für Oma und Opa immer schon ein Highlight. Oma hatte zwei Wanderstöcke in der Hand, die ihr das Laufen erleichtern sollten, doch war das gar nicht nötig. Der Moment und die Erinnerung an ihre alte Zeit mit Freunden in den Bergen gaben ihr so viel Kraft und Energie, dass sie uns fast davonlief. Es war wirklich toll, das mitzuerleben.

Bei ein paar Spots wurden auch Fotos aufgenommen, doch sonst habe ich einfach nur die Zeit in der Natur mit der Familie und ohne Handy genossen. Die Gespräche, die entstanden, und die lustigen Momente bleiben auch ohne Aufnahmen in Erinnerung. Zwischendurch gestärkt mit guter Brotzeit, haben wir den Familientag in vollen Zügen genossen. Auf der Rückfahrt noch bei einem traumhaften See gehalten, bei dem wir die letzten Sonnenstrahlen ausgenutzt haben. Abends im Hotel noch gemeinsam Spiele gespielt, bis wir erschöpft und seelig schlafen gingen.

Der zweite Tag war regnerisch, doch konnte uns das nicht aufhalten. Mit Regenmantel und guter Laune marschierten wir los und hatten auch bei diesem Wetter einen unvergesslichen Tag. Rückblickend war es so außergewöhnlich. So schön, die Zeit gemeinsam zu verbringen. Auch wenn ich vorher täglich bei Oma war und dachte, dass es nicht schlimm wäre, nicht dabei zu sein, war und ist ein kleiner Ausflug dieser Art mit der Familie und den Liebsten wichtig. Ich kann so einen kleinen Urlaub vom Alltag nur empfehlen. Er bringt nicht nur neue Eindrücke und Impulse, sondern auch Erinnerungen, gemeinsame Erlebnisse, die zusammenschweißen.

Wir können dankbar sein, für die Zeit, die wir hier mit all den lieben Menschen in unserem Umfeld genießen dürfen – also nicht nur mit den Großeltern. Und wir sollten uns immer bewusst ein, wie kostbar diese Zeit ist und wie schnell sie enden kann.

OMAS SCHLÜSSEL ZU GLÜCK UND ZUFRIEDEN-HEIT

Tag für Tag ist Oma glücklich und zufrieden mit sich und ihrem Umfeld. Sie strahlt Liebe aus und schenkt anderen ein Lächeln.

ALTE WERTE – COOLER, ALS DU DENKST

»Alte Werte« klingt im ersten Moment nach etwas Eingestaubtem. Also liegt es an uns, sie wieder abzustauben, aufzupolieren und sie mit neuem Glanz in unser Leben zu integrieren.

Es sind nicht nur die bedingungslose Liebe, das Gefühl, dass sie immer an uns glauben und denken, uns umsorgen, uns Ruhe und Kraft geben, die Oma und Opa so unverzichtbar machen. Es sind die Großeltern, die, erst ihren Kindern, dann den Enkelkindern, Werte vermitteln. Werte sind hilfreich für ein friedliches und respektvolles Zusammenleben. Sie unterscheiden sich, je nach Kultur oder Religion, wurden oft über Jahrhunderte entwickelt und von Generation zu Generation weitergegeben.

Viele jungen Menschen sehen die alten Werte als uncool und längst überholt an. Aber gerade, wenn man, wie ich, viel Zeit mit der älteren Generation verbringt, kann man das nicht bestätigen. Denn durch die Zeit mit meiner Oma habe ich verstanden, dass die alten Werte extrem wichtig sind, wir ihnen viel Positives und Nützliches abgewinnen können und sie, ganz im Gegenteil, wieder mehr gelebt werden sollten.

Wir haben im Leben oft Menschen, die uns inspirieren, sogenannte Vorbilder. Bei vielen sind es Schauspieler, Musiker oder Sportler. Große Persönlichkeiten, die viel im Leben erreicht haben, wohlhabend sind und anscheinend das perfekte Leben führen. Sie können machen und tun, was sie wollen, und unzählige Menschen wollen werden wie sie. An sich ein schöner Gedanke der Fans und Zuschauermassen, das Streben nach großen Zielen und das Verfolgen von Träumen, um sein Leben zu verbessern und glücklicher zu werden. Oft vergessen wir aber, dass viele dieser Personen klein angefangen haben. Sie sind auch nur durch harte Arbeit, Disziplin, Durchhaltevermögen, Verlässlichkeit – grob gesagt mit der richtigen Einstellung, den richtigen Werten – dort hingekommen, wo sie jetzt sind.

Mehr als die »echten Stars«, inspiriert mich Oma Lissi, sie ist mein Vorbild, ihre Meinung ist mir wichtig. Sie hat so viel erlebt und mitgemacht. Ja, sogar einen Krieg überstanden und immer wieder schwierige Zeiten erlebt. Sie lebt ein komplett anderes Leben als all die Stars, ohne großen Reichtum und Schnickschnack, und trotzdem schaut sie mich Tag für Tag mit einem breiten Lächeln im Gesicht an und ist happy.

Wie erreiche ich diese unangefochtene Zufriedenheit von Oma? Sich nicht zu beschweren, zu akzeptieren, wie alles läuft und jeden Tag mit einem ruhigen Gewissen zu Bett zu gehen? Als ich Oma fragte, wie das funktioniert, wie man so glücklich wird und was der eigentliche Sinn des Lebens ist, dachte sie sich wahrscheinlich: »Was will mein Enkel? Der junge Kerl soll arbeiten, fleißig sein und mir nicht diese komischen Fragen stellen.« Statt eine Antwort zu geben, erzählte sie mir folgende Geschichte:

»Mei Bruda, woa a Soldat.« Mein Bruder war ein Soldat, hat sie gesagt. *»Dann haben wir einen Brief bekommen, dass er kurz vor Moskau gefallen ist im Krieg, mit 21 Jahren.«* Ich konnte dabei richtig sehen und fühlen, wie sie diesen Moment immer noch vor Augen hat, als wäre es gestern gewesen. Ein schrecklicher Moment, wenn man drüber nachdenkt. Der Bruder musste in den Krieg und kommt nicht mehr heim. Selbst wenn ich die Zeilen hier schreibe, bekomme ich einen Kloß im Hals. Wahnsinn, was Oma und ihre Familie damals mitgemacht haben. Und trotzdem ist Oma glücklich. Wie sie das schafft – ich wollte es wirklich wissen. Diese Zufriedenheit, Herzlichkeit und Liebe, die sie ausstrahlt. Doch stand ich erst einmal da mit meiner Frage, und wurde einfach abgeblockt.

Sag mal Oma …

Welche Werte waren besonders wichtig in deiner Kindheit und Jugend?
Zusammenhalt. Meine Geschwister haben zu mir gehalten, und ich hab zu ihnen gehalten. Ich hab sie über alles geliebt und mich immer um sie gesorgt. Als ich 14 war ist Mama verstorben, und ich hab mich als Jüngste um den Haushalt gekümmert, weil meine Geschwister bereits zeitig ausgezogen sind. Ordnung und Pflichtbewusstsein musste ich deshalb schon früh erlernen.

Warum ich die Geschichte mit Omas Bruder erzählt habe? Ich kann mittlerweile absolut verstehen, dass Oma in meinem Alter nicht nach dem Sinn des Lebens gefragt hat oder dass sie ihre Oma gefragt hätte, wie man im Alter glücklich wird. Denn sie hatte ganz andere Probleme. Ihre Mutter lebte zu dem Zeitpunkt schon gar nicht mehr. Mit 14 war Oma die Jüngste von 4 Geschwistern, als ihre Mama verstarb. Sie hat sich um den ganzen Haushalt gekümmert und ihre Familie unterstützt, wo sie nur konnte. Klar versteht sie dann nicht, was ich will. Nur Blödsinn im Kopf, und dann möchte er auch noch wissen, wie man alt und glücklich wird. Die Frage kann sie einfach nicht ernst nehmen, wenn ich mich in sie hineinversetze.

Also musste ich mir einen anderen Weg suchen, um zu einer Antwort zu kommen. Suchen klingt jetzt so, als hätte ich einen Plan gemacht. Rückblickend habe ich einfach instinktiv gehandelt. Noch mehr Zeit mit ihr verbracht und noch genauer hingehört und beobachtet. Letzten Endes so, wie man es auch bei einem Star macht. Man schaut sich Videos an und beginnt zu adaptieren. Gedanken und Aktivitäten nachzuahmen. Klar ist: Bei Oma ist alles echt, nichts ist gespielt. Ihre innere Überzeugung, so zu leben wie sie lebt, muss also glücklich machen. Was sie mir ständig vermittelt, so habe ich letztlich festgestellt, sind die alten Werte. Werte, die ich in Form von Storys auf Instagram, mit Videos und Bildern, zu Beginn unbewusst, weitergegeben habe.

Ich hatte nie so wirklich die Antwort parat und konnte es schwer in Worte fassen, wenn mich jemand in unseren Anfängen fragte: »*Was macht ihr denn eigentlich auf dem Account? Warum folgen euch so viele Menschen?*« Und damals waren es erst ein paar tausend! Ich habe einfach gefühlt, was die Leute interessiert. Es beginnt bei den alltäglichsten Dingen, die ich trotzdem mitgefilmt und gepostet habe. Ich nahm unsere Follower einfach mit in unseren Alltag: zum Kochen, Backen, Spazierengehen, zum täglichen Gespräch über den Tag am Fensterbrett oder auch zum Anschweigen in den Sesseln gegenüber. Mehr haben wir ja wirklich nicht gemacht. Keine Schauspielerei, kein Schminken, keine Fashiontipps. Wir haben uns einfach gezeigt, wie wir sind und was wir erleben. Unverständlich für viele, die teils negativ reagierten. Doch viel schöner die positiven Reaktionen auf unsere Alltagsstorys, die täglich mehr wurden.

Heute kenne ich die Antwort, warum wir gern gesehen wurden: Wir haben Werte vermittelt, die viele vermissen und haben diese in einem Zusammenspiel von Omas trockenem Humor und meinem Blödsinn im Kopf gut verpackt. Omas Lebensweise, von geregelten Abläufen bis hin zur Ordnung daheim, hat ihr ein erfolgreiches und glückliches Leben gebracht. Und das will sie mir, und ich will es unseren Followern, einfach weitergeben. Denn viele dieser alten Werte leuchten mir ein, und manche möchte ich gerne adaptieren.

ORDNUNG IST DAS HALBE LEBEN

Mein Blick wanderte von Stapel zu Stapel. Fein säuberlich war alles geschlichtet und Kante auf Kante einsortiert. Ich stand gerade vor Omas Schrank im Schlafzimmer. Eine leichte Note von Kernseife lag in der Luft, die sie irgendwo zwischen den Klamotten versteckt hatte. In der oberen Reihe lagen Bettlaken. Links darunter große Badehandtücher. Daneben die kleinen. Ich war beeindruckt, wie viel Ordnung in einem Schrank sein kann. Meine Hände streiften durch die vielen Blusen und Oberteile, perfekt im immer gleichen Abstand auf der Kleiderstange hängend. Die eine bunt, die nächste bunter. Farben und Blumenmuster sind Omas Ding. Schaut aber auch schick aus, wenn sie sich so adrett kleidet, finde ich.

Ein sanfter Rempler gegen meine Schulter riss mich aus der verträumten Bewunderung. *»Wo schaust denn hin? Da oben muss es rein. In die Lücke.«* Ich drehte mich um. Ganz vergessen, dass Oma mich beauftragt hatte, ihre Bettlaken einzuräumen. Wir hatten ihr ja verboten die Trittleiter zu nutzen, nicht dass sie da mal runterfällt.

Also wurden Dinge in den oberen Fächern des Schrankes von mir einsortiert. Mit lauter Stimme und dem Bettlaken in der Hand stand sie da. Wie zur Hölle bekommt man eigentlich ein Bettlaken so schön quadratisch zusammengelegt? Ich bin froh, wenn es überhaupt den Weg von meinem Wäscheständer in den Schrank findet…

**»Weiter rechts. Drehen. Nicht so weit.
Ja fast. Die Kante nach vorne.
Die andere. Ja, so.«**

OMA LISSI, CHEFIN

Wie auch immer, ich nahm Oma das Laken ab. Ich streckte mich und wollte es in den Schrank legen. Gefühlt 50 Kommandos in 10 Sekunden prallten von hinten auf mich ein. *»Weiter rechts. Nein. Drehen. Nein. Nochmal drehen. Nicht so weit. Ja fast. Die Kante nach vorne. Nicht die Kante. Die andere. Ja, so. Jetzt passt es.«*

Schwere Geburt, aber jetzt weiß ich, dass diese Ordnung nur durchgezogen werden kann, wenn man immer konsequent darauf achtet, dass alles seinen Platz behält. *»Gut hast du's gmacht«*, sagte Oma lächelnd und klopft mir auf die Schulter. Was dabei in ihrem Kopf vorging – keine Ahnung. Wahrscheinlich eine Mischung aus: »Gut, dass er es gemacht hat« und »wie blöd stellt er sich an«. Dankbar, dass es erledigt wurde, war sie allemal. Denn eines, was sie auf den Tod nicht leiden kann, ist Unordnung in der Wohnung.

Nie bleibt etwas unaufgeräumt. Wenn Teller und Gläser benutzt worden sind, werden sie direkt abgespült. wenn Oma morgens aufsteht, werden Betten gemacht, wenn die Wäsche trocken ist, wird sie abgenommen und wenn ein Raum verlassen wird, wird er ordentlich verlassen. Die ein oder anderen würden sagen, sie hat ja auch viel Zeit und kann das eben immer schnell machen. Nein, Ordnung halten ist eine Grundeinstellung. Oma hat sich ihr Leben lang Zeit dafür genommen. Es geht darum, konsequent Dinge zu beenden, die man angefangen hat.

WAS DU HEUTE KANNST BESORGEN …

Was für die Hausarbeit gilt, zählt in allen Lebensbereichen: Was Oma heute kann besorgen, das verschiebt sie nicht auf morgen. Ausgeruht wird sich erst, wenn alles erledigt ist, was eben gerade zu tun oder zu organisieren ist. Und das erwartet sie auch von anderen beziehungsweise von mir. Es kommt Unruhe auf, wenn ich mich, in ihren Augen, vor etwas drücke. Ein No-Go für Oma. Das kann sie einfach nicht haben.

Meist sind es Dinge, die uns keinen Spaß machen, die wir von uns schieben. Denken wir deshalb mal an unser Hobby, denn das betreiben wir aus Freude. Sind glücklich dabei, ganz egal was es ist, es ist die Tätigkeit, die uns einfach befriedigt. Doch was ist bei unserem Hobby anders? Warum sind wir selbst dann begeistert davon, wenn es zeitlich so gar nicht in unseren Tag passt? Warum verschieben wir das nicht auf morgen? Warum werden wir hier jeden Tag besser? Lassen uns nicht aufhalten, wenn wir scheitern?

Klar liegt es an dem Faktor Spaß, keine Frage. Doch was löst diese Freude in uns aus? Richtig, es ist die Disziplin. Wir wollen und können bei unserem Hobby alles erreichen, weil wir Disziplin an den Tag legen. Über den Spaß herbeigeführt. Schaffen wir es also, bei all unseren Handlungen so diszipliniert zu sein wie bei unseren Hobbys, werden wir nichts mehr auf den nächsten Tag schieben und müssen nicht mit einem unguten Gefühl ins Bett gehen. Oma lebt so jeden Tag.

Alles wird immer direkt erledigt, weil sie die Disziplin in Person ist. Ich bin mir sicher, sie hat das über die Jahre gelernt. Weil sie gemerkt hat, dass so das Leben leichter wird. Ohne Stress, weil dann nichts mehr im Hinterkopf herumschwirrt, was sie noch erledigen muss. Sie hat es runtergebrochen von

Dingen, an denen sie Freude hat, bis auf die kleinste Handlung im Alltag, die an sich keinem wirklich Spaß macht. Weil sie weiß, dass die Arbeit sowieso gemacht werden muss, wird sie bei Oma direkt erledigt. Würden auch wir Stück für Stück damit anfangen, Disziplin konsequent in unser Leben zu integrieren, so bin ich mir sicher, bekämen wir immer mehr von Omas Zufriedenheit.

WER ZU SPÄT KOMMT, BLEIBT HUNGRIG

Vertieft saß ich da und starrte auf meinen Bildschirm. Schon seit zwei Stunden arbeitete ich, beantwortete Mails und plante neue Projekte. Der dritte Kaffee am Morgen und trotzdem weckte mich das klingelnde Handy aus meinem Tagtraum. Oma rief an. Ein kurzes Räuspern, und ich hob ab. Auch wenn ich weiß, dass Oma dran ist, melde ich mich immer mit meinem Namen. Ich habe auch schon mal einfach *»Ja?«* gesagt, was nur zu Verwirrung führte. Witzigerweise erkennt Oma meine Stimme dann nicht so gut und fragt lieber nochmal nach: *»Christian, bist du es?«* Das wollte ich vermeiden. *»Was wollen wir denn zu Mittag essen?«* Es war gerade kurz vor 10 Uhr, doch Oma musste planen, damit das Essen um Punkt 12 auf dem Tisch stehen kann.

Nach kurzem Überlegen sind wir dann auf Fleischküchle mit Salat gekommen. Eines meiner Lieblingsgerichte von Oma. *»Bringst dann ein Pfund Hackfleisch und einen Salat mit, brauchen ja was dazu. Und sei pünktlich.«* Rums! Mit lautem Knall und ohne Antwort meinerseits war das Gespräch beendet.

**»Um 12 wird gegessen.
Und sei pünktlich!«**

OMA LISSI, PÜNKTLICH WIE DIE MAURER

Mir war zwar schon vor dem Telefonat klar, dass Oma heute Essen machen wollte, aber nicht, dass ich vorher noch einkaufen sollte. Leicht gestresst, wie ich meine geplanten Aufgaben noch vor 12 Uhr unterbekommen soll, rannte ich im Stechschritt durch den Supermarkt, um die zwei Dinge fürs Essen zu besorgen. Wer konnte ahnen, dass auf dem Weg zu Oma dann auch noch ein wichtiger Anruf kam, der meinen Zeitplan endgültig über Bord warf.

»Hast Du eigentlich keine Uhr, Christian?«

OMA LISSI, LIEBT PÜNKTLICHKEIT

Außer Puste kam ich – leider unpünktlich – bei Oma im 2. Stock an. Sie schaute mich verständnislos an und fragte, ob ich denn keine Uhr besäße. Wenn sie durch meine Verspätung jetzt erst mit dem Essenmachen beginnen könne, so murrte sie, würde es doch nicht rechtzeitig fertig!

Alles war schon vorbereitet. Die Schüssel für die Fleischküchle, das Fett in der Pfanne, Essig und Öl für den Salat – nur die Zutaten von mir hatten noch gefehlt. Eine kurze Standpauke, dass ich doch pünktlich sein soll, musste ich mir natürlich anhören.

Zu erklären, dass ich meinen Vormittag anders geplant hatte, habe ich erst gar nicht versucht, denn Oma hätte es nicht verstanden. Für sie gibt es nur eins: Um 12 Uhr wird gegessen, und zwar pünktlich. Denn: verabredet ist verabredet.

Nicht nur beim Mittagessen legt Oma größten Wert auf Pünktlichkeit. Wer pünktlich ist, gilt schließlich als verlässlich, zeigt damit Respekt sowie Wertschätzung dem anderen gegenüber und bringt zum Ausdruck, dass er die Zeit des anderen genauso schätzt wie die eigene. Früher so wie heute.

SEI SPARSAM, AUSSER MIT DER BUTTER

Wir aßen am Küchentisch Butterbrot. So, wie ich es bei Oma kenne. Danach unterhielten wir uns noch etwas. Die Sonne schien durchs Fenster und Omas strahlend blaue Augen lächelten mich an. Glücklich und ohne Sorgen. Wie immer, wenn ich nach dem Essen sage: *»Gut war's! Danke.«* Darauf folgt immer ein *»Das ist die Hauptsache, dass es geschmeckt hat.«* Es gibt nichts Schöneres, als Oma lächeln zu sehen. Sie trank den letzten Schluck aus, den kleinen Finger vom Glas gestreckt, und stellte den Krug geräuschvoll auf den Tisch.

Die Brösel der Semmeln lagen auf dem Tisch verteilt, und Oma kehrte sie mit der Hand zusammen. Ich merkte, wie sie das mit voller Hingabe und Sorgfalt machte. Schweigend saß ich ihr gegenüber und schaute einfach zu, beeindruckt und gleichzeitig verwundert, warum sie das eigentlich so behutsam machte.

Als wäre es Gedankenübertragung, fing sie an: *»Früher haben wir die Brösel vom Tisch immer gesammelt und aufgehoben. Wenn es genügend waren, hat mich mein Papa immer zu den Nachbarn geschickt. Die hatten Hühner. Und wenn ich dann mit den Bröseln kam für die Hühner, haben sie mir zwei Eier geschenkt. Die hab ich dann meinem Papa gebracht. Und manchmal hatten sie auch noch einen Pfennig für mich.«* Sie schwelgte in Erinnerung und saß wieder da mit dem unbezahlbaren Lächeln im Gesicht.

Ich konnte es kaum glauben, war fast ein bisschen sprachlos, weil es so goldig war und gleichzeitig zum Nachdenken anregte. Omas Sparsamkeit macht Sinn, wenn man weiß, dass sie damals nichts hatte. Das hat sie über die Jahre geprägt, und sie führt mir das in so unglaublich vielen Situationen vor

Augen. Nicht nur bei den Brotkrümeln, wie die nächste Geschichte zeigt.

Wir hatten alles fürs Abendbrot hergerichtet und den Tisch gedeckt. Es war schon etwas düster um 17 Uhr 30. Ohne nachzudenken, drehte ich das Licht an. *»Was machst denn du? Es ist doch noch nicht finster.«* Verdutzt drehte ich mich zu Oma um.

»Mach aus etz!
Brauchen jetzt doch kein Licht.
Mach aus.«

OMA LISSI, SPARFUCHS

Ich musste schon etwas lachen, weil ich nicht sicher war, ob es ernst gemeint war. *»Wie? Warum? Was wo…«*, mehr konnte ich nicht aussprechen. Oma fiel mir mit leicht gereiztem Gesichtsausdruck direkt ins Wort. *»Mach aus etz! Es ist doch noch hell. Brauchen jetzt doch kein Licht. Mach aus.«* Ihre Wohnung, ihre Regeln. Mit Humor nehmen und anfangen zu essen. Das war die Devise, die ich gelernt habe. Beim Strom wird gespart, doch bei der Butter und beim Essen nicht. *»Es ist genügend da. Du kannst alles aufessen.«* Ebenfalls ein Satz, der im Ohr bleibt. Auch wenn ich auf einer Scheibe Brot schon drei oder vier Scheiben Wurst habe, legt sie noch eine drauf. Butter wird grundsätzlich nur dick aufs Brot geschmiert. Lieber wird anderswo eingespart, zum Beispiel beim Heizen.

»Langsam wird es frisch«, sagte Oma, als wir nach dem Essen in der Küche aufräumten. Ich habe mich umgeschaut, das gekippte Fenster im Schlafzimmer gesehen und war mir sicher, dass auch in allen anderen Zimmern die Fenster offen sein werden – wie immer. *»Ja Oma, du hast ja auch alle Fenster offen«*, erwiderte ich. *»Ich brauch ja auch Luft. Kann die Fenster doch nicht den ganzen Tag geschlossen lassen! Mach sie mal zu. Und im Wohnzimmer schüren wir ein«*, beschloss Oma.

Die alte Heizung hat einen ganz urigen Drehknopf, den ich aus Erfahrung nicht höher als 15 Grad stellen darf. Ich weiß nicht mal, warum da 15 Grad auf der Anzeige stehen, denn nach 10 Minuten ist die Heizung dann so heiß, dass ich nicht eine Sekunde drauffassen kann, ohne mir die Finger zu verbrennen. Im Gegensatz zu Oma, die ihre Hand ohne Probleme darauflegen kann und der auch richtig heißes Spülwasser nichts ausmacht. Oma watschelte aus der Küche ebenfalls ins Wohnzimmer. Dann direkt die Kontrolle, ob ich wirklich die richtige Gradzahl eingestellt hatte, bevor sie mich dann bestätigend über einen Schulterblick angrinste.

Wir schauten ein wenig zusammen fern, Tiersendung, drittes Programm. Beim Beitrag mit den Meerschweinchen sagte ich Oma, dass ich dann mal langsam heimgeh. *»Ja, geh etz ham. Räum dei Woah auf. Ich schau etz noch bisschen fern und um 9 geh ich in mei Bett! Im Fernsehen kommt ja eh nichts Gescheit's.«* Währenddessen stand sie auf und drehte die Heizung ab. Sie merkte, dass ich sie fragend anschaute, also kam sie mir zuvor: *»Na ja, die Heizung ist jetzt noch zwei Stunden warm, dann geh ich eh ins Bett. Die Restwärme hält scho bis dahin!«*

Auch wenn Omas Sparsamkeit aus einer anderen Zeit stammt, in der es oft ums Durchkommen und Aushalten ging, macht es auch heute durchaus Sinn, gut zu wirtschaften und uns, wie Oma, zu überlegen, was wir wirklich brauchen und wo wir etwas einsparen können. Das Trendthema Nachhaltigkeit ist nämlich eigentlich nichts Neues. Sparsam mit Geld, Gütern und Ressourcen umzugehen, ist nicht nur nachhaltig und macht ein gutes Gewissen, es hilft auch, dass man sich nicht ständig Gedanken um die Finanzen machen muss und dadurch sorgenfreier durch den Alltag kommt.

WER DEN PFENNIG NICHT EHRT …

Gerade so in die alten Hausschuhe von Opa reingeschlüpft, hörte ich ein sanftes Quietschen, denn Oma öffnete gerade die Schublade ihres Küchenbuffets, in dem das Portemonnaie aufbewahrt wird. Sie kramte wild darin herum.

**»So a Gschmarri!
Wenn du bei mir isst,
musst du die Sachen nicht selbst zahlen.
Schau lieber auf dein Geld.«**

OMA LISSI, WENN CHRIS DEN EINKAUF NICHT GEZAHLT HABEN WILL

Ich blickte dabei mit hinein und sah ein paar Taler von der Apotheke, einen Einkaufswagenchip und ein paar Euro-Münzen. *»Was grigsd denn?«* Die Frage hat Kultstatus, denn immer, wenn ich was mitbringe, wird sie gestellt. *»Wie viel Mark hat denn des gekostet?« »Keine Ahnung, Oma«,* erwiderte ich. Denn, ehrlich gesagt, schau ich bei Butter, Milch und Mehl nicht auf den Preis. Nicht, weil es mir egal ist, aber wenn ich es mitbringen soll, wird es gekauft.

Oma ist anders: Auf den Preis wird geschaut, und ich muss mein Geld ja wiederbekommen. Denn in Omas Augen muss alles gleich zuverlässig abgerechnet werden. Jeder Cent wird aus dem Geldbeutel gezählt, auch wenn ich wiederhole, dass es passt. Ich esse ja schließlich auch mit und kann es von meinem Geld bezahlen. Ihre Antwort: *»So a Gschmarri! Wenn du bei mir isst, musst du die Sachen nicht selbst zahlen.«*

Sie kann es nicht haben, so leichtfertig mit seinem Geld umzugehen. Nicht zu wissen, was es gekostet hat. Jeder Euro und jeder Cent sind wichtig. Selbst wenn ich am Vortag zwei Eier aus meinem Kühlschrank mitgebracht habe, weil sie keine mehr hatte, will sie unbedingt, dass ich diese wieder mitnehme, sobald sie neue gekauft hat. Letztlich geht es nicht nur darum, dass man dem anderen nichts schuldig bleibt, sondern auch, dass man die kleinen Dinge zu schätzen lernt. Schließlich werden auch aus kleinen Münzen mal größere Summen.

SPIEGLEIN, SPIEGLEIN AN DER WAND …

Schön und erfolgreich zu sein, wie die Menschen in den sozialen Medien – danach streben viele von uns. Wir vergessen aber, dass auf Instagram und Co. die Bilder meist bearbeitet sind und dass vieles perfekt in Szene gesetzt ist, nur für diese eine Aufnahme. Auch wenn ich professionelle Bilder hochlade, kommt das gut an. Besonders eine Fotografin hat uns oft begleitet, Clara. Sie hat wunderschöne Bilder gemacht, die unsere Familie und den Zusammenhalt perfekt vermitteln.

Jetzt gibt es aber auch Tage, an denen Oma und ich nur mein Handy haben und die Aufnahmen nicht so gut sind, weil entweder das Licht komisch ist, die Perspektive ungünstig gewählt ist oder ich einfach im falschen Moment abgedrückt habe. Dann poste ich das Bild trotzdem. Wir hatten Spaß, haben Blödsinn gemacht und eben ein spontanes Bild aufgenommen. Doch nachdem Oma auf den Profibildern aussieht wie das blühende Leben, ist der Direktvergleich zum spontanen Bild extrem. Uns stört das nicht weiter, weil wir während beider Aufnahmen happy waren, und nur das zählt. Aber aufgrund meiner unprofessionellen Bilder, bekam ich dann Nachrichten, ob es Oma und mir denn gut gehe.

Wenn ich mit Oma über das Thema spreche, sagt sie: »*Ach, das bassd scho!*«, das passt schon, denn Oma denkt so. Gar nicht groß einen Kopf machen. Wenn es so ist, dann ist es so. Oma ist wahrhaftig. Ein wahrhaftiger Mensch macht niemandem etwas vor, auch sich selbst nicht, und er steht zu sich selbst. Was ich von Oma gelernt habe, ist, dass man sich ruhig so zeigen soll, wie man in Wirklichkeit ist. Denn nicht die Optik ist entscheidend, sondern der Mensch, wie er in Wahrheit ist. Ein Mensch, der zu sich selbst und seinen Schwächen steht und seine Stärken kennt. Ein Mensch, der mich vielleicht zum Lachen bringt, der einen tollen Charakter hat, mir in schwierigen Situationen hilft und aufbaut und mit dem ich gemeinsam durch dick und dünn gehen kann.

**»Ich hab noch nie mit mir gehadert,
war schon immer zufrieden mit mir.«**

OMA LISSI, STEHT GERNE ZU SICH SELBST

Es bringt also nichts, sich mit Filtern und Bildbearbeitung optisch einem möglichen Idealbild anzupassen. Wir verlieben uns doch schließlich in einen Menschen und nicht in das bearbeitete Instagram-Bild. Also appelliere ich dazu, sich so zu zeigen, wie man ist, wie man sich fühlt. Denn was wirklich zählt, sind der Charakter, die positiven Eigenschaften, ein gutes Herz. Wenn ihr wissen wollt, wie ihr aussehen sollt, schaut nicht auf euer Handy, sondern in den Spiegel.

WAHRE LIEBE BEGINNT IN DIR

»Ich liebe dich!« Wenn dieser Satz bei frisch verliebten Pärchen zum ersten Mal ausgesprochen wird, löst er direkt ein Kribbeln aus. Schmetterlinge im Bauch, weil es sich so schön anfühlt. Sowohl einen Partner zu lieben als auch geliebt zu werden. In dieser Zeit ist einfach alles perfekt. Jede Minute wollen wir als glückliches Paar miteinander verbringen. Alles außen rum ist egal, weil wir nur Gedanken füreinander haben. In der einen Beziehung hält diese Phase lange an, in einer anderen wiederum verfliegen die Glücksgefühle schneller. Doch an Jahrestagen erinnern wir uns dann oft wieder an das schöne Gefühl des Verliebtseins zurück. Machen uns Gedanken, wie wir dem Partner eine Freude bereiten können, mit kleinen Geschenken oder Erlebnissen, die für die Liebe stehen. So schaffen wir es über Jahre, eine lange Beziehung zu führen. Oma erzählt immer noch stolz und mit einem Lächeln im Gesicht, dass sie ihren ganzen Schmuck, den sie so liebt, über die Jahre hinweg von Opa geschenkt bekommen hat.

Aber es ist auch normal und gut so, dass wir nicht jeden Tag wie ein frisch verliebtes Pärchen leben. Sicher ist es wunderschön, doch haben wir in dieser Anfangsphase nur Gedanken für unseren Partner und vernachlässigen vielleicht sogar andere wichtige Dinge. Den Rest der Familie, die Freunde oder den Job. Also hat das schon seine Richtigkeit, dass die Frühlingsgefühle vielleicht irgendwann etwas weniger werden und dann an manchen Tagen im Jahr wieder aufblühen und uns vor Augen führen, dass wir zusammengehören und die Liebe noch vorhanden ist.

Um ein glückliches Liebesleben führen zu können, tun wir uns leichter, wenn wir vorher beginnen, uns selbst zu lieben.

Von unseren persönlichen Eigenschaften bis hin zu unserem Aussehen. Wenn wir all das, was uns ausmacht lieben, sind wir erst bereit, einen anderen Menschen zu lieben.

»Das bassd scho. Ich mag mich so, wie ich bin, denn ich kann mich ja nicht ändern.«

OMA LISSI, VORBILD

Doch viele können das nicht. Sie nehmen sich zu wenig Zeit für sich selbst, vergessen, sich selbst zu reflektieren, um schätzen und lieben zu lernen, was sie selbst schon für ein toller Mensch sind. Sie denken, das Glück finden sie nur in einem anderen, einem Partner fürs Leben. Viele denken so sehr daran, dieser noch nicht existierenden Person zu gefallen und diese von sich zu überzeugen, dass sie ganz vergessen, wie glücklich sie mit sich selbst sein könnten.

Verzweifelt wird nach der großen Liebe gesucht, was für viele in ihren Augen der einzige Weg ist, glücklich zu werden. Doch oft ist diese fanatische Suche der Weg mit der Brechstange, der einen eher unglücklich macht, wenn man trotzdem keinen Partner findet. Man denkt darüber nach, an was es liegen könnte und wird unzufrieden. Findet Fehler an sich, die eigentlich gar keine Fehler sind. Auch vielleicht deswegen, weil man sich in den Vergleich mit anderen Menschen stellt. Und ich kann euch aus eigener Erfahrung sagen, diese dauerhafte Gegenüberstellung macht euch fertig. Es gab Tage, da wollte ich im Sommer einfach zuhause bleiben. Wollte, dass mich so keiner sieht und hab meinen Freunden fürs Schwimmbad abgesagt, weil ich mich geschämt habe. Seit ich Teenager bin, habe ich Probleme mit meiner Haut. Von klein auf lebe ich mit großflächigen Pigmentstörungen über meinen kompletten Rücken hinweg und auch vorne am Hals. Außerdem leide ich unter Unreinheiten im Brust- und Rückenbereich, die ich nicht einfach ändern konnte. Ich wünschte mir damals so oft, eine glatte Haut ohne peinliche Pickel zu haben. Hautärzte wollten mir helfen, doch nichts hat sich verbessert. Ich habe gelernt, es zu akzeptieren und gemerkt, dass es nicht schlimm ist, wenn ich diese Problemstellen habe.

Es war ein langer Prozess, der mich in meinem Kopf stärker gemacht hat. Stark genug, dass ich heute mit meiner unperfekten Haut umgehen und darüberstehen kann. Für die ein oder andern ist es ein Witz, weil sie sagen, das sind doch keine Probleme. Da muss ich widersprechen. Alles, was unsere Psyche extrem belastet und alles, mit dem wir uns unwohl fühlen, sind Probleme. Es gibt aber so viele Menschen, die schwerwiegendere Einschränkungen haben und damit extrem glücklich leben. Also sollten wir uns an diesen Menschen ein Beispiel nehmen.

Für mich hat so das Umdenken begonnen. Und wenn ich mit Oma über das Thema spreche, gibt es wieder den einen typischen Satz von ihr, der euch daran erinnern soll, dass ihr alles akzeptieren könnt, so wie es ist: *»Ach, des bassd scho!«*, das passt schon. Denn Oma denkt so. Gar nicht groß einen Kopf machen. Wenn es so ist, dann ist es so. Und wenn ihr etwas ändern könnt und ändern wollt, dann macht es. Aber alles Gegebene dürfen wir mit Überzeugung akzeptieren und sollten damit nicht hadern. Denn es stimmt, es passt schon so, so wie es ist.

EHRLICH WÄHRT AM LÄNGSTEN

Viele Leute fragen mich, wie ich Oma beschreiben würde. Das fällt mir tatsächlich nicht immer so leicht. Selbst wenn ich 10 Minuten durchgehend spreche und antworte, wie ein Wasserfall, weil mir so viel Schönes zu ihr einfällt, habe ich immer das Gefühl, ich habe noch etwas vergessen und würdige sie nicht genug.

Doch unter all meinen Antworten ist mir eine ganz besonders wichtig: Oma ist wie eine beste Freundin für mich. Eine beste Freundin ist nicht nur immer für einen da und hat ein offenes Ohr, sondern sie hat einen speziellen Charakterzug, der entscheidend ist. Es ist ihre Ehrlichkeit und Geradlinigkeit. Dass sie dir direkte Antworten gibt und nicht nur Wischiwaschi-Antworten. Sie sagt einem die Wahrheit ins Gesicht und redet nicht drum herum, wenn man nach ihrer Meinung fragt. Auch, wenn das manchmal unbequem ist.

Gerade wenn man unsicher ist, ist Ehrlichkeit hilfreich. Denn klar ist es das Ziel, immer selbst über sein Leben zu entscheiden, doch gibt es eben auch Situationen, in denen es guttut, mit jemandem darüber zu sprechen. Ob der andere einem weiterhilft oder nicht, ist gar nicht so entscheidend, doch wenn man darauf vertrauen kann, dass er einem das sagt, was er wirklich denkt, ist es oftmals schon ausreichend. Diese Art stärkt auch die Freundschaft, denn wenn man weiß, dass die beste Freundin oder der beste Freund einem alles geradeheraus sagt, kommt es nie zu Missverständnissen.

Wenn es heutzutage zu Missverständnissen kommt, liegt das manchmal an unserem WhatsApp-Chat, der gespickt ist mit Emojis, die teilweise zweideutig zu verstehen sind. Viele Emojis sind eben Interpretationssache und keine klaren Aussagen. Das bringt auch die beste Freundschaft oft an ihre Grenzen. Bei Oma gibt es das nicht. Nichts wird mit Smileys schöngeredet oder unverständlich ausgesprochen. Das, was sie denkt, sagt sie mir.

Auch wenn es in manchen Situationen schöner wäre, wenn sie es nicht so knallhart aussprechen würde, was sie denkt, ist es am Ende die beste Art der Kommunikation.

Ich muss gerade dran denken, wie oft ich schon vor den Kopf gestoßen wurde, wenn ich sie überrascht habe.

»Du spinnst doch, Christian. Machst dir einen Haufen Arbeit.«

OMA LISSIS ART, DANKE ZU SAGEN

Ob ich mit Blumen hinter meinem Rücken vor der Türe stehe oder ob ich einen Kuchen für sie gebacken habe, ihr Danke spricht sie im ersten Moment so aus, wie sie es denkt: *»Du spinnst doch, Christian. Machst dir einen Haufen Arbeit. Das hätte doch nicht sein müssen.«* Klar weiß ich, dass sie sich trotzdem freut, also alles cool.

Bei der Frage, ob ich mir die Haare färben soll oder was sie von einem Tattoo hält, ist es dann schon extremer. Ich saß ihr gegenüber am Küchentisch und hatte mit dem Gedanken gespielt, meine Haare zu färben. Ich meine, das ist ja an sich nicht schlimm. Nach ein paar Monaten ist das wieder weg, wenn es mir nicht gefällt. Beim Tattoo kannte ich Omas Meinung bereits, ohne zu fragen. Doch die Haarfarbenthematik wollte ich spontan abklären.

Schon beim Aussprechen der Frage, fror ihre Mimik ein, die Augen weit aufgerissen und die davor noch lächelnden Mundwinkel nach unten gesackt. Jetzt kam ein Donnerwetter. Ich habe es ihr sofort angesehen.

»Ich glaub,
Dir geht's nicht mehr gut,
Christian!«

OMA LISSIS UNVERBLÜMTE MEINUNG
ZUM HAAREFÄRBEN

Schon leicht erbost, gab sie mir klar zu verstehen: »*Dann wirst du aber gleich enterbt. Ich glaub dir geht's nicht mehr gut, Christian.*« Okay, das war eindeutig. Leicht erschrocken über die extreme Reaktion, habe ich direkt versucht, das Thema zu wechseln. So heftig hatte mir Oma selten ihre Meinung gesagt. Wenn ich es wirklich hätte machen wollen, hätte ich mein Vorhaben durchgezogen. Oma hätte es sicher irgendwann akzeptiert. Aber unnötig darauf rumreiten wollte ich jetzt auch nicht. Mir war schließlich ihre Meinung sehr wichtig. Weshalb ich meine Haare auch noch nicht gefärbt habe bis dato.

So ist das eben mit den besten Freundinnen. Auch wenn die ehrliche Antwort nicht immer die ist, die man sich vielleicht erwünscht, ist es letztendlich besser, als jemanden an der Seite zu haben, der sich wie ein Fähnchen im Wind dreht. Ehrlich währt am längsten, heißt ja auch ein altes Sprichwort, das besagt, dass der beste Weg, der gerade ist. Und dass derjenige, der ehrlich und gradlinig ist, den anderen nicht täuscht oder

Sag mal Oma …

Worauf in deinem Leben bist du besonders stolz?
Dass wir ein anständiges Kind haben und dass wir eine glückliche Ehe hatten. Ob ich stolz bin, kann ich nicht sagen, aber ich bin froh, dass alles so gelaufen ist, wie es gelaufen ist.
Wenn du nochmal in meinem Alter wärest, würdest du etwas anders machen?
Nein. Ich hab gearbeitet, wir haben gespart und sind in den Urlaub gefahren. Mehr hätte ich nicht machen können. Wir waren einfach zufrieden und glücklich.
Was erhoffst du dir für deine Kinder und Enkel?
Dass es euch auch so gut geht und dass ihr auch sparsam seid und euer Geld nicht raushaut. Ihr habt ja das Leben von uns gesehen, und dann müsst ihr mit eurem Leben halt auch fertigwerden.

belügt, am weitesten kommt. Auch in dieser Hinsicht habe ich mir Oma zum Vorbild genommen, auch wenn ich es oft nicht so unverblümt ausspreche wie sie – oder eben ein Smiley hinterherschicke.

TREUE UND FÜRSORGE

Wann hattet ihr das letzte Mal so ein richtiges, schönes, altes, dickes Fotoalbum in der Hand? Schon lange her? Dann unbedingt los! Mal wieder ausgraben und durchblättern. Bei Oma kann ich mich entscheiden zwischen Dias und Fotoalben, sozusagen dem alten TikTok und Instagram. Geballt voller Erinnerungen an die alte Zeit. Keine Filter, wie heute, dafür teils in Schwarz-Weiß. Oma und ich saßen im Wohnzimmer und durchforsteten die Sammlungen.

Opa als Kind und Jugendlicher. Oma Lissi als junges Mädchen, mit ihrem süßen Lächeln und den Zöpfchen. Zu jedem Bild hatte sie eine Erinnerung und erklärte mir das Geschehen. Es war unglaublich schön zu sehen, wie sie Bilder betrachtete, und ich spürte genau, dass sie den Moment von damals immer noch fühlt. Mich hat es dann natürlich interessiert, wie sie sich denn kennenlernten, Opa und sie. Wie alles anfing. Sie schwelgte eine Zeitlang schweigend in Erinnerungen, bis ich dann, in einem relativ unspektakulären Ton, die Antwort bekam: *»Im Sportverein halt. Da war ich mit Freunden und hab ihn kennengelernt. Nach ein paar Monaten haben wir dann angebandelt. Und dann sind wir miteinander gegangen.«* Oma und Opa haben sich 1950 das Ja-Wort gegeben und den Satz »in guten wie in schlechten Zeiten« gelebt, bis über seinen Tod hinaus. Sie war immer da für ihn, und er war immer da für sie.

Eine Ehe wie aus dem Bilderbuch. Immer noch trägt sie ihren Ehering mit Stolz. Oma und Opas Ehe ist für mich der Innbegriff für Loyalität und Zusammenhalt in der Familie. Werte, die ich dadurch täglich vor Augen geführt bekomme, ohne dass Oma sie mir erklären muss.

Oma ist der loyalste Mensch, den ich kenne und sorgt sich um jeden in ihrem Umfeld. Nicht nur bei der Begrüßung werde ich gefragt, ob es mir gut geht oder ob ich Hunger habe. Sie hat den innerlichen Drang, mich gut zu umsorgen, wenn ich da bin. Jede Stunde stellt sie die Frage: *»Kann ich dir was tun, willst du was essen?«* Diese Art ist so besonders und zielt nicht nur auf meinen vollen Magen ab, sondern zeigt mir die starke Fürsorge. Inzwischen habe ich das von ihr irgendwie übernommen. Sie ist 93 und manche Dinge im Haushalt sind nicht mehr so leicht zu schaffen. Schwere Arbeiten im Haushalt, wie die Vorhänge abhängen, um sie zu waschen, erledigen meine Schwester oder ich schon seit Jahren. Doch auch bei den kleinen Dingen geht einiges schneller und leichter, wenn wir es gemeinsam tun. *»Viele Hände bringen schnelles Ende«*, sagt Oma dann immer nach getaner Arbeit.

90 Jahre, ein stolzes Alter. Schon Wochen vorher hat sich Oma Gedanken über ihren runden Geburtstag gemacht. Wer wird eingeladen? Wo wird gefeiert? Und an was muss alles gedacht werden? Das war damals wirklich ein Dauerthema. Voller Vorfreude hat Oma sich wirklich täglich Gedanken gemacht, damit alles für ihren großen Tag passt.

Viele hätten wahrscheinlich als Erstes das Outfit im Kopf, dann das richtige Restaurant und an dritter Stelle den Friseurtermin. Bei Oma war das anders. Sieben verschiedene Kuchen und Torten hatte sie im Kopf, die sie backen wollte. Und dafür musste natürlich alles eingekauft und vorbereitet werden. So fleißig und motiviert, wie sie die Tage vorher war – unglaublich bewundernswert.

Zusammengeholfen hat die ganze Familie bei der Organisation, nur bei den Kuchen hat Oma alles selbst in die Hand genommen. Meine Schwester und ich griffen ihr etwas unter die Arme – fürs Schüsselausschlecken haben wir großes Talent. Kleiner Spaß! Doch die meiste Arbeit hat tatsächlich Oma übernommen. Der Tag war rundum gelungen. Es wurde viel gelacht. Die Gäste und auch Oma waren sehr glücklich.

»Ach ja, nehmt doch bitte ein Stück Kuchen mit, es ist noch so viel da.«

OMA LISSI, FÜRSORGLICHE GASTGEBERIN

Nach dem Abendessen bekam dann jeder Gratulant ein Stück von Omas Backkunst mit nach Hause, denn auch wenn sie es vielleicht nicht zugeben würde, wird genau für diesen

Moment extra viel gebacken. *»Ach ja, nehmt doch bitte ein Stück Kuchen mit, es ist noch so viel da.«* Sie macht das einfach gerne. Selbstgemachtes verteilen, damit jeder auch noch am nächsten Tag eine Freude hat.

Ein feiner Zug von ihr, der in dieser Generation so verbreitet ist. Denn auch wenn kein Geburtstag ist, ist sie supergroßzügig zu Freunden und Nachbarn. So ist ihr auch kein Weg zu mühsam, keine Treppe zu steil, um den Nachbarskindern, die vor ihrem Fenster »ja so lieb spielen«, Süßigkeiten runter in den Hof zu bringen.

AUFSTEHEN UND WEITERMACHEN

Wie versteinert saß ich über meinem Frühstück mit dem Handy am Ohr. Mama hatte angerufen. Oma ist die Kellertreppe runtergestürzt und hat sich am Kopf verletzt. Mama konnte mir nichts sagen, außer dass die Nachbarn den Krankenwagen gerufen haben und sie jetzt schnell zu ihr fährt.

Tränen sind mir über die Wange gelaufen, meine Hände haben gezittert, und ich hatte große Angst. Angst, sie zu verlieren, von jetzt auf gleich. Ohne mich zu verabschieden. Ich wusste ja nicht, wie schlimm es war und diese Ungewissheit war so unglaublich schrecklich. Sie war zu dem Zeitpunkt schon 91 Jahre alt, und ein Sturz in diesem Alter kann von jetzt auf gleich alles verändern. Keinen Bissen bekam ich mehr runter, außerdem schmeckte ich in dem Moment sowieso nur das Salz von meinen Tränen.

Nach gefühlter Ewigkeit schickte Mama eine Nachricht. Ein Bild von Oma im Krankenwagen. Das ganze Gesicht war voller Blut und über ihrem Auge eine riesige Platzwunde. *»Sie wird* *jetzt ins Klinikum gebracht zum Nähen, aber sonst geht es ihr, den Umständen entsprechend, gut.«* In dem Moment fiel mir ein Stein vom Herzen. Wie viele Schutzengel hatte sie in diesem Moment? Schließlich war sie die Betontreppe 5 Stufen nach unten gefallen und mit dem Gesicht gegen die Wand und den Boden geschlagen.

Als sie aus der Klinik entlassen wurde und daheim ankam, ging ich sofort zu ihr. Die Wunde wurde genäht, doch das Auge war nicht mehr zu erkennen. Ich weiß gar nicht, wie ich das beschreiben soll. Es glich einem Tennisball. Geschwollen wie nach einem Boxkampf, in den unterschiedlichsten Rottönen unterlaufen.

»Aber deinen Hackbraten mach ich dir morgen schon!«

OMA LISSI, POWERFRAU

Ich war trotzdem erleichtert und glaubte, jetzt wird sie einige Zeit Ruhe brauchen, um sich von dem Sturz zu erholen. Dachte ich. Keine Minute war ich da, strahlte sie und versicherte mir, dass ich natürlich am nächsten Tag nicht verhungern müsse.

»Aber deinen Hackbraten mach ich dir morgen schon!«, sprudelte es aus ihr heraus. Ich musste lachen und weinen zugleich vor Freude. Ich meine, sie kam gerade frisch aus dem Krankenhaus, war noch in der Früh am Boden und hat sich trotzdem nicht bemitleidet.

Oma ist eine wahre Kämpferin für mich. In dieser Situation hätten viele erstmal für Wochen nichts gemacht und sich bedienen lassen – völlig zu Recht, in meinen Augen. Doch Oma nicht. Sie ist aufgestanden und hat pragmatisch weitergemacht, optimistisch weitergedacht – und das aus eigener Kraft. Und dann noch mit einem Lächeln im Gesicht. Einfach bewundernswert.

Diese Einstellung hat mich so beeindruckt und mir gezeigt, wie man damit umgehen kann, wenn man buchstäblich oder auch nur gedanklich am Boden zerstört ist. Denn oftmals spielt sich alles nur in unserem Kopf ab. Wir denken, uns geht es schlecht und suchen für alles Ausreden, da diese oft leichter gefunden werden können.

Auch wenn in diesen Situationen niemand da ist, wir ganz für uns allein sind und selbstständig klarkommen müssen, hilft es nicht, sich selbst zu bemitleiden und das Leben als unfair zu betrachten. Stattdessen fasst euch lieber an die Stirn über das rechte Auge – dort hat Oma nämlich ihre Narbe von dem Sturz – und denkt daran, wie sie reagieren würde: aufstehen und weitermachen.

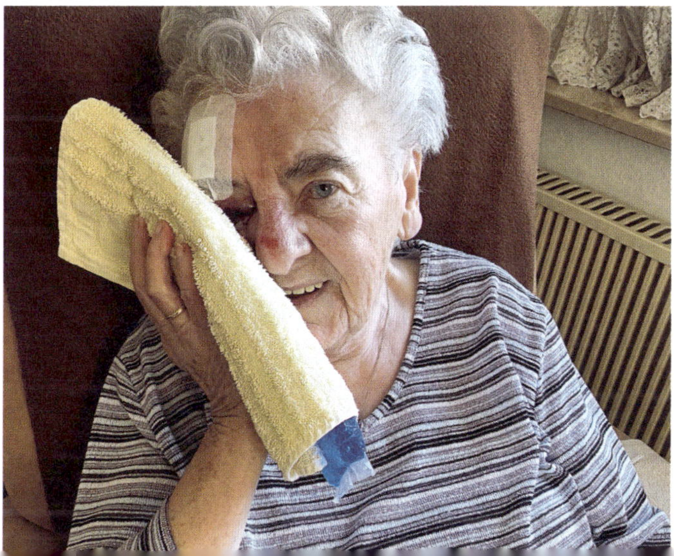

BESCHEIDENHEIT IST DER ANFANG ALLER VERNUNFT

Oma ist eine Frau, die überall hilft, wo sie nur kann und stets das Beste für andere will. Und das sind nur zwei wundervolle Eigenschaften, die sie ausmachen, wie ihr wisst. Ein Charakterzug an ihr, der mich auch immer wieder beeindruckt, ist ihre bescheidene Art. Denn ganz gleich, was sie gerade entscheiden muss oder welches Verhalten sie an den Tag legen könnte, sie handelt immer sehr bescheiden und bedacht – in jeder Situation.

Deshalb habe ich mir die Fragen gestellt, was es denn eigentlich bedeutet, bescheiden zu leben, wie sich diese Einstellung im Alltag widerspiegelt und welche Auswirkungen Omas Bescheidenheit auf ihre Grundstimmung und Zufriedenheit hat. Dabei ist mir ist aufgefallen, dass es oft die gewisse Erwartungshaltung ist, die sie an bestimmte Situationen, an Gegenstände oder auch an ihrem Gegenüber hat. Diese muss bei den meisten Menschen zu hundert Prozent erfüllt werden, um glücklich zu sein. Bei Oma ist das anders. Sie sieht alles viel entspannter und hat keine großen Erwartungen, zumindest nicht an Dinge, die sie selbst nicht beeinflussen kann und es auch gar nicht muss – mit dieser genügsamen Haltung wird sie dann auch nie enttäuscht. Wenn sie jedoch selbst etwas angeht, wie zum Beispiel einen Kuchen zu backen oder Ähnliches, hat sie sehr wohl eine Erwartung und kann diese dann auch mit guter Leistung erfüllen. Doch passiert im Leben so einiges, das wir nicht bestimmen können, und wenn wir das akzeptieren, lebt es sich leichter.

Am besten erzähle ich euch eine Geschichte dazu. Oma hatte Geburtstag. Mit großen Augen sah sie mich an. Die

Augenbrauen waren nach oben gezogen, die Stirn war gerunzelt und der Mund weit geöffnet. Sie sah aus, wie der Zuschauer eines Raketenstartes. Mit einem langgezogenem *»Allmächd«*, was so viel heißt wie: *»Wahnsinn, ich kann es nicht glauben«*, drückte sie ihre unendliche Begeisterung in einem Wort aus.

Es hörte sich bei Oma in diesem Moment so unglaublich süß an, wie so viele Dinge bei ihr, die sie sagt. Doch das Beeindruckende an dieser Situation war, dass Oma eben nichts Besonderes in der Hand hielt, es aber dennoch so wirkte. Sie hatte ein kleines Geschenk von einer guten Freundin der Familie bekommen. Darin befand sich unter anderem ein Stück Seife. Kein Luxusartikel. Kein teurer Schmuck und auch keine Rakete, die gerade startete. Es war ein Stück Seife, über das Oma offensichtlich sehr erstaunt war. Sie hat das Geschenk ohne Erwartung geöffnet und genau diese Einstellung hat mich beeindruckt.

Wie viele wären beim Anblick einer Seife enttäuscht gewesen und hätten sich ihre Stimmung vermiesen lassen, obwohl sie gerade ein Geschenk geöffnet haben, was sie ohne Grund erhalten hatten. Oma war nicht enttäuscht. Diese genügsame Einstellung macht Omas Leben einfach schöner und hat stets Vorteile, wie mir klar wurde. Sich mit kleinen Dingen zufriedenzugeben, sich darüber zu freuen, als wären es wirklich große Dinge und einfach in jeder Situation das Positive zu sehen, selbst wenn es keinen Vorteil für einen hat: Das ist Bescheidenheit. Zumindest werden wir so aufgrund von zu hohen Erwartungen weniger enttäuscht und können so unser Leben selbst bestimmen.

RESPEKT – DAS A UND O

Es gibt so viele unterschiedliche Werte, die alle wichtig sind und von jedem verschieden gelebt werden. Als ich über Instagram gefragt habe, welche Werte euch denn wichtig sind im Leben, wurde auffällig oft dieselbe Antwort geschrieben: Es ist der Respekt. Doch was steckt dahinter? Warum kam diese Antwort so oft?

Eigentlich ganz logisch, denn der Respekt vereint gleichzeitig viele Werte miteinander, die ich von Oma so mitbekommen habe. Spinnt man diese weiter, hängen sie immer mit dem Respekt zusammen.

Pünktlichkeit zum Beispiel, heißt Respekt und Wertschätzung für die andere Person. Egal, ob im Berufsleben oder im Privaten, wenn wir einen Termin vereinbaren, ist es eine Sache von Respekt, diesen auch, wie ausgemacht, wahrzunehmen. Wenn wir mit unserem Geld und unseren Ressourcen haushalten, leben wir gegenüber der Natur und gegenüber all dem, was wir besitzen, respektvoll. Auch unseren Mitmenschen zollen wir Respekt, wenn wir akzeptieren, dass unser Gegenüber andere Werte pflegt. Durch diese Denkweise können wir dann super miteinander klarkommen. Auch wenn jeder Mensch Wert auf unterschiedliche Dinge legt, dürfen wir diesen respektvoll entgegentreten.

Die jüngste Generation denkt meist bei vielen Dingen anders als die aktuell älteste Generation. Und das ist auch gut so. Denn nichts ist beständiger als der Wandel. Niemand behauptet, dass die Werte von Oma die einzig richtigen sind. Nur sollte einem bewusst sein, dass Werte existieren, welche für einen selbst wichtig sind und ob eben das Überdenken der eigenen Werte teilweise sinnvoll wäre.

SEID SELBST DER SCHLÜSSEL

Sind die alten Werte nun der Schlüssel zu Glück und Zufriedenheit? Ein Richtig oder Falsch gibt es hier nicht. Denn durch die veränderte Arbeitswelt und neue Lebensstile haben sich wichtige neue Werte gebildet.

Ganz gleich, ob es dann die alten Werte sind oder eben neue Werte wie Flexibilität, Selbstverwirklichung, Toleranz oder andere: Solange wir den Respekt anderen gegenüber behalten und verstehen, dass das Leben der selbstbestimmten Werte der Schlüssel zu Glück und Zufriedenheit sein kann – sowohl für uns als auch für den Zusammenhalt der Gesellschaft – dann haben wir den Sinn des Lebens ein Stück mehr verstanden. Denn letztendlich macht es uns glücklicher, das Zusammenleben leichter, und wir haben gleichzeitig viel mehr Freude mit unserem sozialen Umfeld.

Unmodern, das kann man sagen, werden Werte nicht. Freundschaften werden durch Ehrlichkeit, Zuverlässigkeit, Fairness intensiver. Der Kontakt mit der Familie bleibt durch Traditionen erhalten, und auch in der Partnerschaft schafft man sich eine tolle Basis, wenn wir uns bewusst mit den Werten auseinandersetzen, die wichtig sind. Denn die Liebe und Beziehung ist tausendmal besser, wenn wir wissen, was Treue, Herzlichkeit oder auch Beständigkeit bedeuten. Nehmt euch die Zeit und findet selbst heraus, was euch persönlich wichtig ist. Wie ihr behandelt werden möchtet und wie ihr mit anderen umgehen wollt. Nehmt nicht nur die Werte als Schlüssel zu Glück und Zufriedenheit, sondern seid selbst der Schlüssel, und ihr werdet euch damit viele Türen im Leben öffnen.

OMAS TIPPS ZUM GLÜCKLICHSEIN

Aus eigenen Erfahrungen lernt man am besten, doch sind Omas Tipps für uns immer hilfreich und nützlich. Ihre Lebensweisheiten sind einfach goldwert.

Ich habe erzählt, dass Oma die alten Werte lebt, die ihr Orientierung und Halt geben, habe aufgezeigt, dass auch die Einbindung und der Zusammenhalt in unserer Familie ein Grund ist, warum Oma so ein zufriedenes Leben führt und dass sie letztendlich ihres eigenen Glückes Schmied ist, was sich in ihrer positiven Lebenseinstellung widerspiegelt. Omas positive Grundeinstellungen zum Leben sind für mich – und vielleicht auch für euch – hilfreiche Inspirationen für ein glückliches und zufriedenes Leben.

SEI NIEMALS NACHTRAGEND

Normalerweise renne ich die Treppen hoch und blicke direkt in Omas süßes Lächeln. Doch an diesem Tag war es anders. Die Tür war zwar offen, doch Oma nicht zu sehen. Verwundert schloss ich die Tür hinter mir und lief ins Wohnzimmer. Mit

dem Telefon in der Hand saß sie schweigend da und nickte ab und zu. Winkte mir zu und deutete auf den Sessel ihr gegenüber. Ein Zeichen, dass ich mich setzen solle, bis sie zu Ende telefoniert hat – das Zeichen habe ich verstanden und leise Platz genommen.

Ich merkte, dass Oma gerade mit jemandem diskutierte, weil sie einen leicht genervten Blick hatte und dem Gesprächspartner alles mit einem lauten *»Ja«* bestätigte. Zwischenzeitlich grinste sie mich an und fuchtelte mit der Hand in der Luft rum, weil sie das Gespräch beenden wollte. Der Gesprächspartner hörte aber nicht auf zu reden. Ich hatte keine Ahnung, worüber sie genau sprachen, doch war der Anblick sehr amüsant. Nach weiteren Minuten stellte sie dann das Telefon in die Ladestation, die direkt neben ihrem Sessel im Wohnzimmer steht, und warf sich mit einem lauten Seufzer nach hinten.

Es gibt zwei Dinge, die Oma nicht leiden kann: lange Telefongespräche und Ärger. Das liegt einfach an ihrer Art. Sie will immer das Beste für jeden und nie Stress oder Diskussionen. Eine sehr ausgeglichene Person, die Ärger gerne vermeidet und lieber selbst die Schuld auf sich nimmt. Ich finde, eine Charaktereigenschaft, die von wahrer Größe spricht. Denn das schaffen nicht viele Menschen. *»Oh nein, die hätte jetzt noch eine Stunde drüber diskutieren können«*, so kam es nach dem Telefonat aus Omas Mund. Ich war mir immer noch unsicher, worum es ging. *»Was war denn das Problem?«*, hakte ich neugierig nach. *»Ach nichts, eine Schulfreundin hat angerufen*

und erzählt, wie schön die letzte Geburtstagsfeier war. Ich war gar nicht eingeladen und hab mich gewundert, wieso. Dann hat sie mir eine halbe Stunde das Ohr abgekaut und erklären wollen, was der Grund war. Aber Christian, mir is des doch woschd. Jetzt ist es eh schon vorbei. Aber die wollte sich jetzt unbedingt rechtfertigen. Versteh ich nicht.« Ich habe Oma zugestimmt und sie beobachtet, während sie mir, leicht gefrustet, mitteilte, was passierte. *»Und jetzt?«*, wollte ich wissen. *»Nichts jetzt. Zieh du erstmal Hausschuhe an, bevor ich weiterrede.«*

»Sich über Dinge aufzuregen,
die vorbei sind, macht keinen Sinn.
Einfach Schwamm drüber.«

OMA LISSI, PRAGMATIKERIN

Oma hat immer witzige Gedankensprünge. Egal, wie ernst oder angespannt die Situation gerade ist. Ihr fällt immer ein Kommentar dazwischen ein. Als ich wieder ins Wohnzimmer zurückkam, legte sich Oma bereits ein Kissen auf dem Fensterbrett zurecht. Das fliederfarbene Kissen war perfekt für sie, um die Ellbogen abzustützen. Ich stellte mich daneben und verstand sofort, dass der Blick aus dem Fenster ins Leere einfach gut war, um das aufregende Gespräch zu verarbeiten. Von der Position aus, wie so das Sonnenlicht ins Wohnzimmer fiel, leuchteten Omas Augen wieder in dem wunderschönen Blau. Ich spürte, dass sie innerlich noch aufgewühlt war und legte den Arm um sie.

»Ach, Oma …«, wollte ich sie aufmuntern. Es war gar nicht nötig, wie sie mir im nächsten Moment erklärte. *»Weißt du, das stört mich wirklich nicht. Es bringt nichts im Leben, nachtragend zu sein. Man darf ruhig mal diskutieren oder verschiedene Meinungen haben. Aber am Ende des Tages soll man sich wieder versöhnen. Es macht jetzt auch keinen Sinn, sich über den Geburtstag aufzuregen, wenn die Feier schon längst war. Doch manche Menschen werden dir immer ihre Position erklären und sich rechtfertigen. Wenn es so Kleinigkeiten sind, schluck es lieber runter und Schwamm drüber.«*

»Es bringt nichts, im Leben nachtragend zu sein.
Man darf ruhig mal diskutieren.
Aber am Ende des Tages
soll man sich wieder versöhnen.«

OMA LISSI, HARMONIEMENSCH

Irgendwie stolz und dankbar, dass sie mir das so weitergegeben hat, habe ich sie einfach umarmt. Ich war beeindruckt, denn schon in dem Moment habe ich gemerkt, dass dieser Ratschlag wirklich ankam und er mir im Leben noch helfen wird. Ich habe ihn erstmal sacken lassen, aber später nochmal nachgefragt und mit ihr über das Thema in Ruhe gesprochen. Omas Einstellung ist wirklich faszinierend. Sie meinte, nachtragend kannst du nur sein, wenn dich etwas extrem stört und ein Problem existiert. Heißt, das Problem ist der Grund.

Sag mal Oma …

Was bedeutet Glück für dich?
Glück ist für mich Gesundheit, Glück in der Familie.
Glaubst du, dass jeder seines eigenen Glückes Schmied ist?
Ja, jeder ist für sich selber verantwortlich. Wenn man selbst nicht glücklich ist, kann es helfen, mit Freunden oder der Familie darüber zu sprechen.
Glaubst du, Glück zu haben, ist Zufall oder vom Schicksal abhängig?
Es ist schon Schicksal, aber man muss trotzdem selber mithelfen, an sich selber glauben und selber dafür sorgen.

Dann hat sie mir einen Tipp gegeben: Wenn du ein Problem hast und dich darüber gerade extrem aufregen könntest, überlege dir, ob es dich immer noch so aufregen würde, wenn du nur noch wenige Tage zu leben hättest. Ist es die Sache wert, seine Energie in die Situation zu stecken oder wäre es doch sinnvoller, wenn man aus der Mücke keinen Elefanten macht. Einfach mal nachgibt, die Meinung des anderen anhört und zustimmt. Natürlich nicht bei gravierenden Problemen.

Doch wenn das Problem überschaubar ist, lass es dir keine Kraft entziehen, dann wirst du glücklicher. Und auch ganz wichtig, meinte sie: Negative Menschen an sich solle man aus seinem Leben raushalten.

MACH'S BESTE DRAUS UND LEBE IM JETZT

Eine gefühlte Ewigkeit schon, denke ich lächelnd über das Kapitel nach. Viele Erinnerungen, die mir Oma zeigen, wie sie wirklich, wirklich aus jeder Situation das Beste macht, blitzen in meinen Gedanken auf. Mit einem verträumten Blick schaue ich soeben durch das gekippte Fenster und suche die Regentropfen in der Ferne an diesem grauen Tag. So oft hat mich Oma schon geflasht mit ihren positiven Aussagen. Auch wenn es mal wieder den ganzen Tag geregnet hat und viele es negativ sehen, sieht Oma die Vorteile: *»Na ja, dann müssen wir das Grab heute nicht gießen. Außerdem hat es der Boden gebraucht.«* Und damit hat sie ja auch Recht, es gibt immer zwei Seiten der Medaille. Mit Omas Sichtweise auf die Dinge lebt es sich doch leichter.

»Oma, wie schaffst du das immer? Dich kann ja gefühlt nichts verärgern und aus der Ruhe bringen«, hakte ich nach, als sie mittags mal den ersten Löffel der frisch gekochten Tomatensuppe probierte und bemerkte, dass die Suppe heute nicht ganz gelungen sei. Denn es folgte kein großes Drama und Spektakel, wie das passieren konnte. Sie schlürfte den Löffel leer, zuckte mit den Schultern und sagte: *»Schmeckt mir heute nicht. Aber satt macht es ja. Also iss nur auf!«*

So nach dem Motto, wir haben ja keine andere Wahl. Klar geht es jetzt nur um eine Suppe. Doch genau das ist das Ent-

scheidende. Die kleinen Dinge im Leben. Wenn wir uns über Kleinigkeiten schon aufregen, uns Gedanken machen und somit gefrustet den restlichen Tag verbringen, wie sollen wir dann glücklich werden?

»Ändern können wir es eh nicht, was passiert ist und was kommen wird. Nur wie du jetzt damit umgehst, kannst du beeinflussen.«

OMA LISSI, OPTIMISTIN

Es wäre ja unmenschlich, wenn wir uns bei schlimmen Ereignissen, zum Beispiel einem Autounfall, nicht ärgern dürften. Das gehört auch mal dazu. Denn schließlich kostet es Geld und Nerven. Wichtig ist dann, dass alle den Unfall unverletzt überstanden haben. Wenn aber nur ein Missgeschick passiert, etwa ein Ei auf den Boden gefallen, ein Glas zerbrochen oder eine Tasse umgefallen ist, sollte das Malheur gleich wieder vergessen sein, unsere Stimmung und Laune nicht groß beeinflussen.

Oma holt mich da gerne in die Realität zurück und teilt mir mit: *»Ändern können wir es eh nicht, was passiert ist und was kommen wird. Nur wie du jetzt damit umgehst, kannst du beeinflussen.«* Einen Rat, den ich nur ab und zu von ihr wortwörtlich gehört habe, doch der täglich von ihr vorgelebt wird.

Wir können uns Gedanken machen über die Vergangenheit und uns vorbereiten auf die Zukunft. Das Leben im Jetzt ist alles, was zählt. In diesem Moment können wir uns entscheiden und entweder die Situation nehmen, wie sie ist, und das Beste daraus machen oder uns ärgern und genervt sein.

SEI FREUNDLICH

Freundlichkeit wird bei Oma großgeschrieben. Egal, ob gegenüber der Familie, gegenüber Freunden, Nachbarn oder auch gegenüber Fremden: ihr Verhalten ist immer höflich, entgegenkommend, anerkennend und wohlwollend. Freundlichkeit, so hat mir Oma vorgelebt, kommt einfach gut an und macht definitiv glücklicher. Wie heißt es so schön: Das Lächeln, das du aussendest, kehrt zu dir zurück. Freundlichkeit öffnet Türen in allen Lebensbereichen: in der Schule bei den Lehrern, in der Familie und auch bei den Mädels. Das wurde mir klar, als ich mit meinen Omas über meine Opas sprach.

Immer wenn ich als kleiner Junge meine Großeltern besucht habe, gab es die Omas, die sich lieb und nett um alles kümmerten, und es gab die Opas, die Männer in der Familie, zu denen jeder aufschaute. Respektspersonen, die, ohne was zu sagen, durch ihre Aura Präsenz ausstrahlten. Ich kann mich noch genau erinnern an die Familienfeiern. Jeder hat durcheinandergeredet und sein eigenes Wort nicht mehr verstanden. Doch wenn die Opas gesprochen haben, war plötzlich Stille, und jeder hat mit gespitzten Ohren zugehört. Hatten die Opas Hunger, wurde gekocht. Egal, was sie wollten, es wurde umgesetzt. Die Omas taten alles für das Wohl ihrer Ehemänner.

Als Kind sah ich meine Opas als die einflussreichen Männer, die von ihren Frauen geliebt werden. Sie waren die Schlauen, die Starken, die, die Geschichten erzählt haben, denen man gefesselt zuhörte. Als ich anfing, Frauen interessant zu finden, aber nicht bei ihnen punkten konnte, weil ich immer einer der Kleinsten aus dem Freundeskreis war und die anderen auch optisch männlicher und somit für viele Mädels offensichtlich interessanter waren, kamen mir meine Opas wieder in den

Sinn. Zu dieser Zeit starb mein zweiter Opa, und ich unterhielt mich mit meinen Omas über ihre beiden Männer, denen ich als kleiner Junge mit so viel Respekt begegnete.

Meine Omas haben mir erzählt, warum sie alles so gern für ihre Männer gemacht haben. Sie erklärten mir, dass eine Beziehung, eine Ehe immer ein Geben und Nehmen ist. Vor lauter Aufschauen zu den Opas, habe ich nur ihre Autorität mitbekommen. Doch sie haben umgekehrt ihre Frauen auf Händen getragen. Sie haben sie behandelt wie Königinnen. Viele Dinge im Haus und Garten, ob Reparaturen von kaputten Gegenständen, das Tragen schwerer Gegenstände oder auch kleine Gesten, wie Komplimente und die Tür aufhalten, haben sie gelebt. Beide Gentlemen, wie sie im Buche stehen. Sie waren immer zuvorkommend und haben alles für ihre Frauen und die Familie gemacht, nur hatte ich das anscheinend als Kind nicht bemerkt. Sie haben auch mit abgespült und gekocht. Sie waren liebevoll, romantisch und süß.

Oma Hilde hat mir die Briefe gezeigt, die Opa in der Kennenlernphase an sie geschickt hat. Mit Tinte in Schreibschrift hat er hunderte Briefe mit Oma hin- und hergeschrieben. Wirklich sehr poetische Texte, als ich sie gelesen hab. Opa war in den Briefen immer sehr lieb und höflich zu Oma. Ein Mann mit Stil. Ich habe aus den Erzählungen von meinen Omas gelernt und bewusst darauf geachtet, wie ich anders handle, um bei der Damenwelt punkten zu können. Zuvorkommend und freundlich war plötzlich viel cooler als die Körpergröße der anderen. Mit der Einstellung freundlich, lieb und nett zu sein, wie es meine Opas waren, haben sich neue Möglichkeiten und Türen geöffnet. Sodass ich dann auch irgendwann meine erste Freundin fand und sie frisch verliebt auf Händen trug.

NIMM'S MIT HUMOR

Wenn ich über Oma spreche und erzähle, was das Besondere an ihr ist, komm ich jedes Mal auch auf ihren trockenen und direkten Humor zu sprechen. Oma hat so eine lustige Art, die immer für gute Laune sorgt. Wenn ich ihr davon erzähle, dass viele Fans sie unglaublich witzig finden, will Oma das nicht wirklich wahrhaben. Wenn wir zusammen Videos gedreht haben für TikTok oder Instagram, und ich ihr das fertig geschnittene Video dann auf meinem Handy gezeigt habe, schaute sie sich es gerne auch selbst nochmal an, wie das Endergebnis auf dem Handy wirkt. Hierbei ist mir aufgefallen, dass sie dann plötzlich oft selbst über ihre Witze lacht, schmunzelnd mit meinem Handy in der Hand in ihrem Sessel sitzt und aufmerksamen dem Video folgt. Über sich selbst lachen zu können, ist eine besondere Eigenschaft, die man entweder hat oder vielleicht erlernen kann. Dass sie wichtig ist und das eigene Leben verbessert, habe ich schon selbst erfahren.

Meine Schwester ist schon seit dem Kindesalter in einer Bauchtanzgruppe. Orientalische Tänze mit viel klimper, klimper, gekonntem Hüftschwung und einfach geschmeidigen Bewegungen. Bei regionalen Veranstaltungen, Sommerfesten oder Ähnlichem wird dann aufgetreten. Zwei dieser Veranstaltungen sind besonders interessant. Zwei Abende, bei denen die Eintrittsgelder an kranke Kinder gespendet werden. Alle Altersgruppen des Bauchtanzclubs treten auf. Für noch mehr Entertainment hatte sich die Tanzlehrerin einmal etwas Besonderes ausgedacht.

Ihre Söhne und deren Kumpel sollten auch auftreten, für mehr Show und Unterhaltung. Jungs, die bauchtanzen. Blöderweise war ich einer der Kumpel, und so kam die Frage auf, ob ich nicht mitmachen möchte. Bereits als die Anfrage ausgesprochen war, bekam ich schwitzige Hände und wurde nervös. Ich? Auf der Bühne vor hunderten Menschen tanzen? Kann ich das? Will ich das? Das wird oberpeinlich… *»Du kannst es dir ja mal überlegen, Chris«*, sagten sie zu mir und ließen mich aufgewühlt allein.

Sofort zu Oma gedüst und ihr alles erzählt. Ich meine, als Teenager geht man peinlichen Situationen lieber aus dem Weg. Also wäre die einfachste und angenehmste Lösung, einfach freundlich abzusagen. Oma Lissi hörte mir verständnisvoll zu und wusste genau, wie ich mich fühlte. Sie kannte die Veranstaltung, weil wir meiner Schwester in den letzten Jahren immer zugeschaut hatten. Wir tauschten uns darüber aus, und letztendlich hat sie mir genau das Richtige empfohlen.

**»Sich selbst nicht zu ernst zu nehmen,
zeugt von Größe und ist alles andere als peinlich.
Und jetzt geh ham,
damit du deine Schritte lernst!«**

OMA LISSI, LACHT AUCH GERNE ÜBER SICH SELBST

Wenn im Leben etwas Neues auf uns zukommt, sind wir immer aufgeregt. Wir machen uns Gedanken und können die Nächte vorher vielleicht auch nicht schlafen. Doch auch jeder Profi wird nur zum Profi, indem er Situationen meistert, die neu sind und die Angst und Aufregung davor überwindet. Auch jeder Profi hatte schon unangenehme und peinliche Situationen. Natürlich wussten wir beide, dass ich kein Profibauchtänzer werden will. Aber was sollte denn groß passieren? Wir gingen das Ganze gemeinsam durch.

Wir Jungs sind kurz vor dem Auftritt supernervös, haben einen peinlichen Moment, wenn das Publikum uns das erste Mal im Kostüm unter Scheinwerferlicht sehen wird. Tanzen anschließend mit Konzentration und Dauergrinsen vier, fünf Minuten unser Ding runter, bis zu dem Moment, an dem die Musik ausklingt und tobender Applaus von der Menschenmenge zu hören ist. Die Zuschauer werden lachen und ihren Spaß haben. Aber das Wichtigste war doch, dass es für einen guten Zweck ist. Und das stimmt auch. Oma meinte: *»Nimm's mit Humor. Niemand wird dich auslachen, sondern sie lachen gemeinsam mit euch, wenn ihr da oben auf der Bühne steht. Sich selbst nicht zu ernst zu nehmen, zeugt von Größe und ist alles andere als peinlich. Und jetzt geh ham, damit du deine Schritte lernst!«*

Sie hatte recht. Die Veranstaltung war ein toller Erfolg. Alle waren begeistert, und natürlich waren wir aufgeregt. Doch nach der Show auch sehr stolz, dass wir es durchgezogen hatten und Teil der guten Aktion waren. Bis heute erzählen wir gerne über den Abend, der für immer in Erinnerung bleibt. Und alle waren glücklich.

SEI NATÜRLICH

Oma hat nie Schminke getragen. Kein Lippenstift, keine Wimperntusche. Hängt sicher auch damit zusammen, dass sie anders aufwuchs und sich als junge Dame das nicht leisten

konnte, aber vielleicht hat sie auch damit die Einstellung entwickelt, sich selbst so schön zu finden, wie sie eben ist.

»Ich bin doch immer noch hübsch!«

OMA LISSI BEIM BETRACHTEN IHRER MÄDCHENFOTOS

Ich weiß noch, in einem Video auf unsere Instagram-Seite hat Oma ein Bild von früher in der Hand. Ich kommentierte das mit: *»Ach, warst du ein hübsches Mädchen.«* Worauf Oma lachend und voller Überzeugung erwiderte: *»Ich bin doch immer noch hübsch.«* Unglaublich schön, wie glücklich man wird, wenn man sich selbst schön findet. Dass ist jetzt keine Aussage gegen Schminke, doch fand ich Omas Aussage faszinierend, und ich denke, wir alle können uns von dieser Einstellung eine Scheibe abschneiden. Es hat nämlich nichts damit zu tun, eingebildet zu sein, nur weil wir uns selbst schön finden.

Wir können so aber einfach glücklicher leben und durch die Selbstsicherheit auch anderen viel mehr Positives schenken.Oma würde sagen: Ihr seid schön, so wie ihr seid. Seid stolz drauf, denn es ist euer Leben, das ihr genießen dürft. Verschwendet nicht die kostbare Zeit mit Gedanken an Leute, denen ihr nicht gefallt. Die haben gar kein Recht, euch zu beurteilen und euch zu kritisieren. Seid mit all dem glücklich, so wie ihr seid und dann rockt die Welt!

IN DER RUHE LIEGT DIE KRAFT

Wer kennt es nicht? Alles wird immer schneller, die Zeit rast an uns vorbei. Kaum versuchen wir uns, auf eine Sache zu konzentrieren, vibriert schon wieder das Handy oder eine neue E-Mail lenkt uns ab. Sind wir einmal dabei, können wir ja auch noch schnell unsere Social-Media-Accounts checken. Ohne dass wir es bemerkt haben, ist schon wieder eine Stunde ins Land gezogen. Wir konsumieren Inhalte, aber nehmen uns nicht die Zeit, zu reflektieren.

Bei Oma ist das ganz anders. Sie lässt sich nicht so leicht ablenken. Hat sie ein Ziel, dann wird das verfolgt. So lange, bis das Ziel erreicht ist. Klar bei ihr gibt's kein Social Media.

Als ich Oma mal wieder einen Blumenstrauß mitgebracht hatte, gab es für sie – nachdem sie mich nach dem Preis gefragt hat – nur ein Ziel, sich um die Blumen zu kümmern. Da gab es so einiges zu tun, bis die Blumen ihren Platz in der Vase finden konnten. Zuerst wurde geprüft, ob noch verwelkte Blätter am Blumenstrauß hängen. Diese wurden fein säuberlich und mit liebevoller Hingabe entfernt. Danach wurden die Blumenstiele angeschnitten, wie es sich eben bei Schnittblumen gehört. Oma war dabei sehr fokussiert und konzentriert. Da passt es ihr so überhaupt nicht in den Kram, wenn ich mit Fragen ankomme, dabei wollte ich doch nur alles darüber erfahren, wie sie etwas macht und was sie sich dabei denkt – und das möglichst genau. Weiter im Text. Jetzt musste die passende Vase gefunden werden.

Schon ging mir aber die nächste Frage durch den Kopf. *»Oma, warst du eigentlich schon mal ein Blumenmädchen?«* – *»Nein, Christian.«* Ohne dass sie wirklich darüber nachge-

dacht hätte, wurde ich mit einem schlichten »Nein«‹ abserviert. Schnell ging Oma aus dem Raum. Nicht, dass gleich die nächste Frage von mir kommt. Zurück kam sie mit einem Lächeln auf dem Gesicht. Sie hatte die perfekte Vase gefunden. Und, so schnell konnte man gar nicht schauen, befand sich der Blumenstrauß auch schon in der Vase. Jetzt noch das Wasser auffüllen und das Frischhaltepulver einstreuen, das bei jedem Blumenstrauß dabei ist, und Oma hatte ihr Ziel erreicht. Ich merkte, dass sie nun wieder bereit war, sich mit mir zu unterhalten. Oma macht die Sachen eben mit voller Aufmerksamkeit – egal, ob Blumen versorgen, Wäsche bügeln oder was sonst ansteht. Erst wird die eine Aufgabe erledigt, dann die nächste. Genau das habe ich mir von Oma abgeschaut. Und wenn es mir gelingt, Dinge in Omas Ruhe zu erledigen, dann merke ich, wie sehr das den Alltag entstresst. Manchmal stelle ich mir einfach vor, mein Schreibtisch oder mein Smartphone sei ein Strauß Blumen.

SEI DANKBAR

Dankbarkeit ist ein Thema, dem wir oftmals zu wenig Beachtung schenken. Wofür ich dankbar bin? Dafür, dass du dieses Buch liest, zum Beispiel. Dass es der Familie gut geht, jeder glücklich ist und ich so unbeschwert leben kann. Ich bin nicht der Meinung, dass man sich schlecht fühlen sollte, wenn man gut oder besser als andere lebt. Schließlich kann niemand etwas dafür, in welche Welt er geboren wird.

Oma hat mir erzählt, dass sie jeden Abend vor dem Schlafen im Bett Danke sagt, für alles, was sie hat und für all das, was ihr lieb und wichtig ist – große und kleine Dinge. Ein Ritual, das ich selber übernommen habe, und dass ich nur empfehlen kann. Wenn wir uns bewusst daran erinnern, wofür wir dankbar sein können, macht uns das zufriedener, bringt Freude ins Leben und hilft auch dabei, besser mit den Problemen des Alltags umzugehen, weil wir den Fokus auf das Positive richten.

Wir bekommen inzwischen täglich Nachrichten von lieben Menschen, die uns mitteilen, was sie mit unserem Account verbinden. Oft soll ich Oma einen Gruß ausrichten oder ihr etwas von euch mitteilen. An sich ein total netter und legitimer Gedanke. Doch alles, was im Handy passiert, ist für Oma nicht wirklich nachvollziehbar und real. Wenn ich ihr dann ab und zu eine Nachricht vorgelesen habe, wollte sie von mir wissen, von wem das ist, woher die Person kommt und woher ich sie kenne. Fremde Menschen, die Grüße ausrichten, das passt in Omas Gedanken einfach nicht zusammen. Auch wenn sie sich bedankt und gefreut hat, wusste ich, es kommt nicht so wirklich bei ihr an.

Also habe ich zu Omas Geburtstag einen Aufruf auf Instagram und TikTok gemacht: Sendet Geburtstagsgrüße an unser Postfach, am besten mit einem Foto von euch. Schon wenige Tage später kamen die ersten Briefe an. Das Postfach quoll über. Täglich kamen mehr Briefe, am Ende waren es über 1000. Auch Pakete in sämtlichen Größen waren dabei. Mir wurde schon ganz unwohl bei dem Gedanken, Oma die Wäschekörbe voller Briefe an ihrem Geburtstag zu überreichen. Doch meine Familie unterstützte mich, wie immer.

An einem sonnigen Tag haben wir Oma in den Garten vors Haus gesetzt, und ich habe ihr die Augen verbunden. Sie wusste nicht, was passiert. Ich habe ihr nur mitgeteilt, dass ihre Fans Briefe und Geschenke gesendet haben.

Mit ein paar hatte sie also gerechnet, doch nachdem sie die Augenbinde abnahm und den Berg Briefe vor sich sah, traute sie ihren Augen nicht. Einfach sprachlos fing sie langsam an, die erste Post zu verschieben, um sich zu versichern, dass darunter weitere Briefe lagen. Im ersten Moment eine gelungene Überraschung, doch war ich mir nicht sicher, wie Oma weiter reagieren würde. Liest sie ein paar davon? Haut Oma mir die Briefe um die Ohren?

Nach dem ersten leichten Schock kam sie, die Freude, Begeisterung, Wertschätzung, mit wie viel Liebe die Geburtstagspost eingepackt war. Und die Dankbarkeit, dass so viele Menschen an sie gedacht hatten. Ein superschöner Moment mit der gesamten Familie, umgeben von Briefen und Paketen. Am Nachmittag haben wir dann in Ruhe die ersten davon geöffnet.

Hätte sie gesagt, das sei zu anstrengend und zu viel, alle zu lesen, hätte ich das akzeptiert und verstanden. Doch als ich am nächsten Tag zu Oma ins Wohnzimmer kam, konnte ich es kaum glauben: Oma saß in ihrem Sessel, vor ihr zwei Stapel Briefe und dazwischen viele längliche Papierschnipsel. Fein säuberlich sortiert, hatte sie angefangen, jeden Brief einzeln mit der Schere vorsichtig aufzuschneiden, rauszuholen, zu lesen, wieder in den Umschlag zurückzustecken und auf den »Gelesen-Stapel« zu legen. Der Fußboden war schon voll mit 10er-Stapel gelesener Briefe.

Sie lächelte mich an und berichtete, was die Leute alles geschrieben hatten, aus welchen Regionen Deutschlands sie kamen und welche kleinen Geschenke in der Post waren. Tee, Socken, Glücksbringer und Schutzengel: Es war alles dabei. Ich war begeistert. So happy und dankbar, als sie Zeile für Zeile die Briefe studierte, habe ich sie selten gesehen.

Sag mal Oma …

Fühlst du dich verantwortlich für das Glück eines anderen Menschen?
Ich kann dazu beitragen, aber derjenige muss auch selbst mitmachen und darf sich nicht auf andere verlassen.
Wie wichtig ist die Liebe zu sich selbst fürs Glücklichsein?
Ich mag mich so, wie ich bin, denn ich kann mich ja nicht ändern. So bin ich glücklich und bin froh. Ich hab noch nie mit mir gehadert, war schon immer zufrieden mit mir.
Hat Glück etwas mit materiellen Dingen zu tun?
Nein, mich macht schon ein Butterbrot glücklich.

Natürlich kam gleich Omas Frage, wie wir uns denn bei allen bedanken sollen? Sie könne ja nicht allen antworten. Irgendwie süß. Zusammen haben wir dann ein Grußvideo gemacht und uns bei den Zusendern bedankt. Nach drei Tagen Briefeöffnen und -sortieren, war Oma dann fertig. Ein Moment der Wertschätzung und Dankbarkeit, der für immer in Erinnerung bleibt. Und Tage, an denen Oma vor dem Einschlafen, ganz sicher jede Menge positive Gedanken der Dankbarkeit hatte.

MIR DOCH WOSCHD! – GELASSEN LEBT SICH'S LEICHTER

Du hast jetzt schon sehr viel über Omas Einstellung zum Leben und wie sie glücklich wurde mitbekommen. Dass sie eine liebenswerte Frau ist und das Herz am rechten Fleck hat, wissen wir, glaub ich, inzwischen alle. »Süß« ist das häufigste kommentierte Wort unter all unseren Beiträgen, und auch wenn es in den Posts viel um Zucker geht, soll damit schlichtweg Omas herzliche Art beschrieben werden – auch klar. Doch gibt es eine Eigenschaft an ihr, die ihren Werdegang stets gestärkt und begleitet hat: ihre »Mir-doch-woschd«-Einstellung.

Sie hat es geschafft, einer Aussage, die viele beim ersten Versuch nicht mal richtig aussprechen können, unzählige Einsatzmöglichkeiten zu geben.

Immer wieder gibt es Leute, die Omas Art falsch einschätzen. Manche finden sie sogar böse und genervt. Diese Vorurteile hat Oma nicht verdient. Denn was teilweise unfreundlich klingt, ist einfach ihre direkte fränkische Art. Sie würde nie etwas tun, was andere Menschen benachteiligt. Dafür ist sie eine zu gute Seele und ein zu lieber Mensch. Mir ist das, ehrlich gesagt, auch nie wirklich aufgefallen, dass es überhaupt negativ rüberkommen kann. Kann natürlich daran liegen, dass ich Videos ohne Schnitt einfach gepostet habe und mir ihre Art so vertraut war, dass ich da nie etwas »Böses« rausgehört habe. Jedenfalls ist Oma eben so, wie sie ist. Und das wollte ich auf dem Kanal nicht vertuschen oder faken.

Für Oma sind es nicht die Likes, die Meinungen anderer, die sie glücklich machen. *»Mir doch woschd«*, wie sie immer so schön sagt, ist eine innere Überzeugung von Oma. Viele von euch haben die Aussage bei uns sicher schon gehört oder gelesen. Wird er in der passenden Situation gesagt, ist er auch superwitzig. Der Satz bleibt im Ohr, da Oma damit so gefühlt jede zweite Frage beantwortet. Drei Wörter mit einer so großen Power. Denn so schwierig das Leben auch für Oma war, ganz egal, ob während des Zweiten Weltkriegs, in der Nachkriegszeit oder auch danach – jedes Hindernis hat sie damit beseitigt und immer den richtigen Weg gefunden, weiterzumachen.

Diese drei Wörter können auch dein Leben verändern. Oma sagt das nicht, weil ihr alles egal ist. Es ist auch nie abwertend gemeint. Sicherlich haben sie auch hin und wieder mal dieselbe Bedeutung wie »mir doch egal«. Doch ganz oft steckt viel mehr dahinter. Ich habe mir inzwischen schon oft Gedanken gemacht zu dieser Aussage. Habe viele Interviews darüber gegeben, weil auch die Medien auf den Satz »Mir doch woschd« von Oma aufmerksam geworden sind. Es ist nicht nur ein Satz, es ist eine Lebenseinstellung. Eine Einstellung, das zu machen, was sich richtig anfühlt. Und das fängt bei ganz einfachen Dingen an.

Wenn Oma zum Beispiel Erdbeeren isst. Dann macht sie das so, wie es viele Omas tun. Kurz abwaschen, kleinschneiden, einzuckern und eventuell noch ein bisschen Sahne oder Milch drüber – fertig. Wenn man im Vergleich in der Welt von Instagram und Co. Leute sieht, wie diese ihre Erdbeeren essen, ist es ganz anders. Auf jedes Detail wird geachtet. Nicht zu viel, nicht zu wenig. Es muss in erster Linie gesund sein und für das Bild schön aussehen. Nicht aber bei Oma, denn sie hat ihre eigene Einstellung dazu. Sie denkt nicht darüber nach, wie es aussieht, ob es gesund oder ungesund ist, schmecken muss es. Diese Grundhaltung bekomme ich täglich bei ihr mit, und ich genieße es inzwischen einfach, wenn sie es in ihrer trockenen und direkten Art ausspricht: *»Mir doch woschd, Christian!«*

Es ist eine durchwegs positive und auch sehr tiefsinnige, innere Einstellung, die bei ihr mit den einfachen Worten »Mir doch woschd« zum Vorschein kommt.

Die Frage: »Ist das gesund, Oma?« kann ich euch im Schlaf beantworten. Oma ist es woschd, weil sie das isst, worauf sie Lust hat. Und ja, sie ist über 90 und muss sich keine Sorgen mehr machen. Das stimmt schon. Sie muss nicht die Top-

Sag mal Oma …

Was waren deine größten Glücksmomente im Leben?

Gesundheit. Ich hab mich gefreut über mein Kind. Über die Hochzeit. Ich freu mich, zu sehen, dass es meinem Sohn gut geht. War immer zufrieden, nie auf was neidisch, auch wenn ich nicht so wohlhabend war. Es gab viele schöne Momente, doch die Zeit, in der ich meinen Mann kennengelernt habe, war natürlich besonders. Wir haben das Leben in vollen Zügen genossen und haben uns alle Jahre einen schönen Urlaub gemacht. Dann kam Papa, und wir konnten nicht mehr so viel weg. Wir wussten genau, was wir uns leisten konnten und was nicht, aber unglücklich hat uns das auch nicht gemacht.

Hattest du ein glückliches Leben?

Ja, ich hatte ein sehr glückliches Leben, Ich hab alles erreicht und über das, was ich hab, bin ich glücklich.

Was macht dich heute glücklich?

Dass ihr mich täglich besucht. Und Gesundheit.

figur haben, um noch in die neue Jeans zu passen, abgesehen davon, dass sie eh nur bequeme dreiviertel Oma-Hosen trägt. Sie muss auch nicht auf die Bikinifigur achten, weil sie sowieso in kein Schwimmbad geht. Und sie muss auch nicht bei zu viel Zucker auf ihre Zähne achten, weil die über Nacht mit einer Brausetablette in einem Glas im Bad liegen. Ja, ich stimme euch zu. Sie kann mit Leichtigkeit sagen: Mir doch woschd! Und mit dieser Einstellung ist sie sehr glücklich geworden.

So habe ich mir die Frage gestellt, ob uns diese Einstellung bereits in jungen Jahren zu Glück und Zufriedenheit verhelfen kann. Denn ist das nicht cool, glücklich zu sein? Vielleicht sogar viel cooler als die neue Jeans oder die Bikinifigur? Es gilt die Devise: Nicht viel überlegen, was andere denken könnten, sondern einfach machen, solange es dich glücklich macht. Wir können selbst entscheiden, ob wir uns für andere verändern, um glücklich zu werden, oder ob wir sagen »Mir doch woschd« und glücklich sind. Ich habe das jetzt bewusst, etwas spitzer formuliert, denn schließlich liegt in der Übertreibung die Anschaulichkeit.

Eins kann ich euch versprechen, Oma spielt das nicht für irgendwen, sie lebt das. Und je öfter ich das Phänomen beobachtet habe, desto mehr verstehe ich dadurch Omas Gelassenheit.

Bei Oma gibt es kein hektisches Schnell-Schnell. Wenn sie eine Aufgabe erledigen will, gibt es genau eine Herangehensweise: Überlegen und genaues Planen, wie und wann etwas geschieht, heißt Durchführung der Aufgabe ohne Ablenkung, fertig und alles gut. Easy, oder? Ich habe es schon unzählige Male von Oma gehört: *»Das wird schon, Christian. Keine Sorge.«* Sie lässt sich selbst einfach nicht verunsichern. In keiner Situation. Und das strahlt sie auch aus. ›Mir doch woschd‹ bedeutet also auch, dass alles gut wird, solange man mit Ruhe und Gelassenheit an eine Sache herangeht. Immer wieder müssen wir im Leben Entscheidungen treffen. Was wäre also, wenn wir in diesen Situationen unsere innere »Mir-doch-woschd«-Einstellung zum Vorschein brächten? Als mögliche Herangehensweise bei Projekten, im Job oder im Privaten. Durch Oma habe ich gelernt, so zu denken. Ich kenne es einfach nicht mehr anders.

Für mich hat es noch nie einen Sinn ergeben, sich vor einer Entscheidung oder einem Ereignis Sorgen zu machen, weil unsere Ängste das Geschehen nur negativ beeinflussen würden. Viele fangen an, zu zweifeln und fragen sich: Was wäre, wenn es nicht klappt? Was wäre, wenn ich scheitere?

Streicht diese Sätze aus eurem Kopf. Kein Was-wäre-wenn, würde Oma sagen. Mir doch woschd, was passiert. Ich mach das jetzt, und es wird gut. So sollte die Einstellung ab jetzt sein. Nicht, weil es einem schnuppe ist, aber so gelangt man zu Omas Gelassenheit. Positiv denken mit der »Mir-doch-woschd«-Einstellung lässt Zweifel verschwinden und alles wird gut. Das hat so viele Vorteile. Man schläft besser und ruhiger vor dem Ereignis oder einer Entscheidung und ist auch währenddessen entspannter. Das strahlt man dann auch aus.

Ich hatte das mal bei einem Mitarbeitergespräch mitbekommen, als meine Chefin zu mir meinte: *»Du bist ein wichtiges Teammitglied. Du bist ein Ruhepol, und das stärkt unsichere Leute im Team. Auch wenn es schnell so rüberkommen kann, als hättest du keinen Bock, ist das einfach deine coole Einstellung. Du schaust dem Projekt entspannt entgegen und weißt, es wird alles gut.«*

Als ich Feierabend hatte, bin ich direkt zu Oma gefahren und habe »Danke« gesagt. Denn an diesem Tag wurde mir klar, dass die »Mir-doch-woschd«-Einstellung nicht nur einem selbst hilft und absolut nicht egoistisch ist, wie sie auf den ersten Blick vielleicht klingen mag. Diese Einstellung kann einem Selbstsicherheit und Selbstbewusstsein geben, was wiederum auch positive Auswirkungen auf andere haben kann. Alles gut also mit »Mir doch woschd«.

Mir doch woschd!

Sag mal Oma …

Es heißt ja: »Altwerden ist nichts für Feiglinge«. Findest du das auch? Und wofür braucht man im Alter Mut?

Im Leben braucht man immer Mut. Egal, was man machen will – mutig müssen wir immer sein. Im jungen Alter wahrscheinlich noch viel mehr, denn jetzt habe ich ja schon viel Erfahrung und weiß, wie viele Dinge laufen. Wenn man eine Familie hat, die einen unterstützt, dann ist es nicht schlimm, alt zu werden. Ganz im Gegenteil. Es ist schön, das Leben zu erleben und mitzubekommen, wie Dinge passieren, über die man sich als junger Menschen nur Gedanken machen konnte und die erst Jahre später Realität werden. Also keine Angst vor dem Altwerden – es ist schön.

Wärst du manchmal gerne wieder jung?

Nein. Das Leben war schön, so wie es war, und ich bin jetzt auch glücklich.

Gibt es denn vielleicht auch Vorteile, wenn man älter ist?

Es hat alles seine Vorteile, man muss nur das Beste draus machen. In jeder Situation.

WAS FAMILIE BESONDERS MACHT

Familie – jede hat ihre eigene Geschichte, ihre eigenen Gewohnheiten und Traditionen. Eine besondere Gemeinschaft, über Generationen durch gegenseitige Verpflichtungen, aber vor allem durch ganz viel Liebe zusammengeschweißt.

DAS FUNDAMENT, AUF DAS MAN BAUEN KANN

Für Oma ist das Wichtigste im Leben die Familie. Man kann sich aufeinander verlassen, denn das macht Familie aus.

Früher war es gang und gäbe, dass mehrere Generationen einer Familie zusammengelebt haben. Im Laufe der Zeit hat sich das geändert. Die berufliche Situation, aber auch teilweise der Drang, in andere Städte zu ziehen, sind oft ausschlaggebend dafür, dass Familien räumlich voneinander getrennt werden. Interessant, dass gerade in unserer Zeit Mehrgenerationenhäuser im Trend liegen. Vielen wird offenbar wieder bewusst, wie Alt und Jung voneinander profitieren können.

DER GENERATIONENTURM

Ich glaube, dass zusammenlebende Generationen einem renovierten Turm ähneln, der schon lange Zeit besteht. Das Fundament bildet die älteste Generation. Die steht für die Beständigkeit und gibt alte Werte mit in den Familienturm.

Danach kommen deren Kinder, die mittleren Stockwerke, die modernisiert und offener sind, somit frischen Wind in den Turm bringen. Ganz oben auf der Turmspitze setzt dann die jüngste Generation die Antennen und Funkmasten, die sich vernetzen mit der Außenwelt. Sie weiß dabei noch nicht, wie hoch es hinaufgehen kann. Das Grundmauerwerk freut sich, dass es von den Jungen immer wieder mit hochgezogen und weiter gebraucht wird. Die Generation dazwischen ist dankbar, dass sie auf das alte Fundament aufbauen kann und nutzt deren Erfahrungen. Und die jungen Antennen werden von allem unter sich gestützt und geben im Gegenzug den Älteren die Möglichkeit, durch ihre Aufmerksamkeit an der Spitze up to date zu bleiben.

Ich finde, anhand dieser Metapher kann man gut verstehen, wie sehr alle Generationen voneinander profitieren können und welche Win-win-Situation es ist, wenn Generationen Zeit miteinander verbringen. Denn egal, was die Antennen da oben so treiben, das Fundament schaut gerne von unten zu, ist stolz und freut sich, wenn es helfen und unterstützen kann. Und umgekehrt sind die Antennen nur so hoch oben, weil sie Unterstützung von den Alten bekommen, ohne die sie nicht die Höhe und den Empfang hätten. Und auch das Grundmauerwerk wird nicht abgerissen, weil es solide ist und die Kinder und Enkel darauf bauen können.

MITEINANDER DURCH DIE ZEIT

Ich stell mir gerade vor, wie die Zukunft aussieht. Wie wird sich die Welt verändern? Wie wird sich die Natur und die Gesellschaft verändern? Und auch wenn ich eine sehr blühende Phantasie und unausgesprochene Visionen im Kopf habe, wird es in der Zukunft Dinge geben, die jetzt so noch nicht existieren. So war das in etwa auch bei Oma, als sie jung war.

Aufgewachsen in einer komplett anderen Zeit, ohne Computer und Internet. Sicher hat sie sich das auch nicht vorstellen können, was 90 Jahre nach ihrer Geburt alles möglich ist. Wie auch? Die Fortschritte in der Technik sind so extrem, dass es fast täglich neue Entdeckungen gibt. Doch auch Dinge, die nicht direkt was mit dem neu-modernen Zeug, wie Oma es nennt, zu tun haben, haben sich verändert.

Für sie ist es immer noch faszinierend, dass die Einkaufsläden länger als 18 Uhr geöffnet haben, man in kürzester Zeit mit dem Zug von Nürnberg nach München kommt und man mit Freunden stundenlang telefonieren kann, ohne sich über die Telefonrechnung Sorgen machen zu müssen. Also wie soll sie bitte die sich schnell verändernde Technik verstehen? Und mal ehrlich, wozu überhaupt. Dort, wo sie neue Technik braucht und nicht mehr weiterweiß, kann sie sich schließlich auf das Wissen ihrer Kinder und Enkel verlassen.

Die Menschen der ältere Generation haben ihre Meinung, ihren Kopf und sind in ihren Denkweisen eingefahren. Was auch völlig okay ist. Sie haben lange gelebt und ganz viel erlebt. Oma mit über 90 Jahren, 1928 geboren, muss nichts mehr von mir lernen. Außerdem gibt es einen Unterschied zwischen Lernen und Offensein für Neues. Denn das ist Lissi definitiv. Wenn ich mit meinem modernen Blödsinn ankomme und sie bei dem ganzen Social-Media-Thema mitmacht, ist das der Beweis dafür, dass sie das auch will und sich anpasst an die Zeit. Wieder nach dem Ansatz – »Mir doch woschd« – ist es Oma gleich, ob wir jetzt ein eingestaubtes Spiel spielen oder ein modernes Technikzeug. Hauptsache, wir sind zusammen, und wir haben Spaß. Es kommt eben drauf an, wie man miteinander umgeht.

Die emotionale Beziehung zwischen Enkeln und Großeltern ist häufig eine ganz besondere. Kein Wunder, denn für die Enkel sind Großeltern der Schlüssel zur Familiengeschichte, sie geben Einblicke in das Leben einer anderen Generation und vermitteln alte Werte. Enkel lieben die Geschichten, die ihre Großeltern erzählen. Schließlich geht es um ihre Wurzeln. Für die Großeltern sind die Enkel oft der Schlüssel zur modernen Zeit. Die Enkel können sie dabei unterstützen, dass sie sich in der Welt von heute besser zurechtfinden. Durch das Leben der Enkel, die sie in allen Lebenslagen begleiten, lernen sie, die heutige Zeit besser zu verstehen.

EINANDER ZUHÖREN UND AUFEINANDER ZUGEHEN

In den letzten Jahren habe ich gemerkt, dass viele junge Menschen, die Art ihrer Großeltern nicht wirklich verstehen und genau deshalb weniger Zeit mit ihnen verbringen. Viele von ihnen haben, wie Oma Lissi, eine direkte und teilweise unfreundlich wirkende Art, mit der die Enkel nichts anfangen können. Sie deuten das oft falsch und nehmen es ihren Großeltern zum Beispiel übel, dass sie ihnen den Mund verbieten. Was sehr schade ist. Denn in der Regel, so ist meine Beobachtung, meinen es die Älteren nicht so, haben einfach oft nur andere Vorstellungen. Wenn Oma mich zum Beispiel beim Essen auffordert, ruhig zu sein, dann liegt es daran, dass Essen bei der älteren Generation nicht den Lifestyle-Charakter hat. Sie essen nicht, um sich groß zu unterhalten. Es gibt bei ihnen einfach drei Zeiten am Tag, die eingehalten werden. Und dann wird auch gegessen und nicht geredet.

Wenn man, wie ich, die älteren Menschen häufiger sieht, bekommt man mehr Verständnis für deren Verhaltensweisen. Nehmt es ihnen also nicht übel, wenn sie so direkt sind, ihre Eigenarten haben oder mal etwas unfreundlich antworten. Macht weiter. Sprecht mit ihnen. Lernt von ihnen und genießt die Zeit zusammen. So habe ich es zumindest gemacht. Ihr wisst, ich habe teilweise einfach zu viel Energie, und dann ist es zu viel für Oma, aber das merkt man auch. Doch wenn sie einmal sagt, ich solle jetzt ruhig sein, kann ich nach einer kurzen Redepause wieder Fragen stellen. Neues Thema. Neues Glück. Was sie heute gemacht hat, ob sie was bedrückt oder einfach, was sie zum Wetter sagt. Seid kreativ und hört nicht auf, sie zu fordern.

Sag mal Oma …

Viele Menschen sagen, dass früher alles besser war. Findest du das auch?

Nein, ich find es heute auch noch schön. Jeder ist für sich selbst verantwortlich. Manche Leute sind mit nichts zufrieden, so wie es ist. Ich kenn aber auch keinen, der unglücklich ist. Wer nicht mit sich selbst zufrieden ist, der muss was ändern.

Gibt es etwas von damals, das du in der jetzigen Zeit vermisst?

Ich mache auch mit 93 noch meinen kompletten Haushalt selbst. Waschen, bügeln, putzen, kochen … Aber früher ging es schon schneller. Es wäre schön, die Beweglichkeit und Schnelligkeit von früher zu haben.

Was war die beste Erfindung, Verbesserung oder Neuerung im Laufe Deines Lebens?

Keine technischen Dinge, sondern die Kinder und Enkelkinder. Ich hab es geliebt, in ein kleines Gesicht zu schauen, mit ihnen zu spielen und mich um sie zu kümmern. Es war spannend, zu sehen, wie sie größer und älter werden.

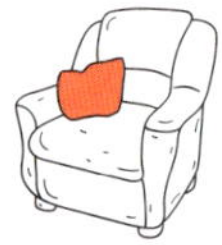

GEMEINSAM SIND WIR STARK

Es gibt nichts Schöneres als einen festen Zusammenhalt in der Familie. Wir ziehen alle an einem Strang und meistern gemeinsam alle Höhen und Tiefen.

Das Leben geht immer weiter, ganz klar, und wir blicken immer nach vorne, doch gibt es auch schwierigere Momente. Momente, in denen wir auch mal tief durchatmen müssen, weil wir einfach nicht mehr können. Diese Phasen kennt sicherlich jeder. Auslöser hierfür gibt es viele. Manchmal sind es Probleme im Job, die einen runterziehen, Unzufriedenheit mit dem Körper und der Fitness oder Streit in der Beziehung, die einen verzweifeln lassen. Wahrscheinlich gibt es tausende Situationen, die uns nervlich ans Ende bringen. Doch ist das Wichtigste, wenn wir im Leben hinfallen, wieder aufzustehen und weiterzumachen. Und da tut es so gut, die Familie im Rücken zu haben. So war es auch damals bei uns, als mein Opa, Oma Lissis Mann, an Alzheimer erkrankte. Es folgten anstrengende und belastende Jahre mit Höhen und Tiefen für meine ganze Familie. Ich war damals noch sehr jung und schreibe deshalb dieses Kapitel zusammen mit meiner Mama.

IN GUTEN WIE IN SCHLECHTEN ZEITEN

Aufgefallen ist es meiner Mama, dass irgendetwas nicht mehr stimmt, als sie mit uns bei unseren Großeltern war und Opa bei mir eine Wunde am Finger sah. Er fragte: *»Was hast du da am Finger?«*

Mama erklärte ihm, dass mich meine Schwester mit einem Ring, so einem kleinen süßen Elefantenring, gekratzt hat. Meine Schwester saß still und brav wie ein Schulmädchen neben Opa und bekam von ihm direkt die Ermahnung: *»Verena, dass darf man doch nicht machen!«* Ein paar Minuten später stellte mir Opa plötzlich wieder dieselbe Frage: *»Was hast du da am Finger?«* Mama blickte ihn verwundert an und erklärten es erneut. Das war der Beginn der Alzheimererkrankung.

Bis dahin war Opa ein super Autofahrer, hat mit Oma Ausflüge gemacht oder eben einfach die wöchentlichen Ziele zum Einkauf oder zu Restaurants mit dem Auto abgefahren. Leider hat er nach und nach vertraute Ziele nicht mehr gefunden und musste auf Omas Navigation zurückgreifen. Das war auch der

Zeitpunkt, als Mama Angst hatte, wenn wir bei Opa im Auto mitfuhren. Sie wollte, dass er den Führerschein abgab, weil es für alle Beteiligten unverantwortlich war. Gemacht hat er es erst nach langem Zureden.

Mama hatte sich mit Büchern ausgestattet und über den Verlauf der Krankheit informiert. Nach langer Überzeugungsarbeit von Mama sind Oma und Opa in die Gedächtnissprechstunde gegangen. Dieser Schritt war extrem wichtig, besonders für Oma, denn Angehörige können oft erst dann mit der Krankheit umgehen. Regelmäßige Medikamente für Opa und eine Angehörigenberatung waren die hilfreiche Konsequenz. Oma und Opa sind dann jede Woche zu einer Alzheimergruppe gegangen, bei der Oma mit anderen Betroffenen sprechen konnte und Trost und Rat fand. Erfahrungen austauschen und gegenseitiges Aufbauen waren an der Tagesordnung. Schon allein darüber zu sprechen, hat ihr gutgetan, denn nach und nach kamen immer wieder neue Situationen, die sie forderten, oft auch überforderten.

Früher sind meine Großeltern gemeinsam viel in den Bergen gewandert, somit war Opa auch daheim ein fleißiger Spaziergänger. Bei seinen täglichen Runden im Wald, hatte er zuvor immer Ausschau gehalten nach schöner Rinde, Moos, Steinen und vielem mehr. Er sammelte es für sein Hobby, dem Krippenbau. Zunehmend wandelte sich das Bild der gesammelten Gegenstände.

Durch die Erkrankung begann er, alles Mögliche beim Spazieren aufzuheben und in die Taschen zu stecken. Die waren dann mit Müll und Dreck gefüllt, als er bei Oma daheim ankam. Er konnte nicht mehr zuordnen, welche Gegenstände zum Sammeln sinnvoll waren und welche man lieber liegen lässt. Für Oma war es schwer, mit der Situation umzugehen. Man muss es eben erst verstehen, dass ein vertrauter Mensch plötzlich unerwartete Dinge macht und anders handelt, als er es die letzten Jahrzehnte tat. Es folgten noch viele verschiedene Ereignisse und Situationen, bei denen die Krankheit immer mehr zum Ausdruck kam.

»Wenn man eine Familie hat, die einen unterstützt, dann ist man nicht allein und dann kommt man auch durch schlimme Zeiten.«

OMA LISSI, FAMILIENMENSCH

Zu dieser Zeit war es besonders wichtig, dass wir Oma den Rücken gestärkt haben. Mama und Papa haben immer wieder mit ihr besprochen, wie sie besser reagieren kann und sie einfach mental unterstützt. Oma musste oft weinen, wenn Opa böse wurde, weil sie es von ihm einfach nicht kannte. Wir haben ihr dann immer und immer wieder klargemacht, dass es nicht er ist, sondern die Krankheit ihn dazu bringt. Trotz der starken Liebe zu ihm, war Oma oft einfach nur verzweifelt. Als er dann auch noch handgreiflich wurde, mussten beruhigende Medikamente vom Arzt dagegenwirken, denn in ein Heim, wollten wir ihn nie bringen. Wir wussten, wir schaffen das gemeinsam mit der Kraft und Liebe der Familie. Wichtig war, dass jemand da war, mit dem Oma darüber sprechen konnte, und dass ihr Arbeit abgenommen wurde.

Sag mal Oma …

Was hat dir geholfen, weiterzumachen, als Opa gestorben ist?
Das war schlimm, ist für jeden schlimm, aber man muss damit fertigwerden. Die Familie war für mich da, das Leben geht weiter, und es ist auch weitergegangen. Der Tod gehört eben zum Leben dazu. Opa passt schon noch auf uns auf, der schaut schon runter – dieser Gedanke hat mir geholfen.
Fällt es dir schwer, allein zu leben?
Ich bin ja nicht allein. Die Familie ist da und kümmert sich um mich.
Du machst immer alles mit Ruhe und Gelassenheit. Warst du schon immer so?
Ich gehe Dinge sehr gerne ruhig und gelassen an, da ich gemerkt habe, dass wir mit dieser Art und Weise genauso ans Ziel kommen. Oftmals sogar viel schneller, als wenn wir etwas hektisch und schnell angehen. Lieber entspannt überlegen und dann bewusst die Handlung umsetzen. Das habe ich mir früh im Leben angeeignet.
Was sind deine Wünsche für die nächsten Jahre?
Ich hab keine Wünsche. Ich leb weiter, und mehr Gedanken mach ich mir nicht.

Denn Angehörige, wie Oma, widmen oft ihre gesamte Zeit den Kranken und schauen nicht mehr auf sich selbst. Allein hätte sie keine Möglichkeit gehabt, alles zu stemmen, da kann die Liebe noch so stark sein. Und ich weiß, sie hatten offensichtlich eine unglaublich enge Bindung, sogar bis über Opas Tod hinaus, denn auch danach wurde der Ehering mit Stolz getragen. Es war eine unglaublich anstrengende Zeit der Pflege für Oma, die sie aber mit der Kraft der Liebe und der Familie beeindruckend gemeistert hat. Denn es hat sie oft Nerven und Energie gekostet. Es machte sie sicher oft traurig, mitzuerleben, wie der geliebte Mann immer mehr abbaut und der Tod näher kommt. Trotzdem hat sie es geschafft, nicht daran kaputtzugehen, stark zu bleiben und alles für ihren Mann zu machen, was in ihrer Macht stand. Und doch konnte all das den Tag nicht verhindern, an dem wir uns schließlich von Opa verabschieden mussten.

ZUSAMMEN IST DAS LEBEN LEICHTER

Familie, das sollte die Geschichte zeigen, ist gerade in schweren Zeiten eine unverzichtbare, verlässliche Quelle der Kraft. Es ist besonders die Liebe der Familie, die einen nach kleinen oder großen Schicksalsschlägen aufmuntert und stark macht. Bei mir haben solche Ereignisse das Bewusstsein für Familie geschärft. Das Bewusstsein, die Zeit mit der Familie als Geschenk anzusehen und jeden gemeinsamen Moment zu nutzen und zu genießen. Denn die Vergangenheit können wir nicht ändern, und die Zukunft können wir nicht vorhersehen. Wir können sie aber beeinflussen, wenn wir verstehen, wie wichtig dieser Moment im Jetzt ist. Wie wichtig jeder Moment ist. Mit diesem positiven Mindset wird vieles leichter.

Für mich sind der Zusammenhalt in der Familie und besonders die regelmäßigen Treffen mit meiner Oma zu einem Lebensinhalt geworden, den ich nicht mehr missen möchte und der mich zufriedener und somit glücklicher macht.

Ich genieße die Zeit mit ihr und meiner Familie – egal, ob bei unseren sonntäglichen Mittagessen, bei Familienfesten, im Kurzurlaub und ganz besonders auch im Alltag. Oma hat mir vorgelebt: Wenn wir für unser Leben Verantwortung übernehmen und nicht lange überlegen, was passieren könnte, sondern – gemeinsam mit unseren Liebsten – immer das Beste aus der Situation machen, dann werden auch wir mit über 90 lächelnd im Sessel sitzen, ganz egal, wie schwer das Leben phasenweise schon war. Mit Omas Tipps können wir lernen und verstehen, die ersten Schritte zu gehen, um den richtigen Weg dafür einzuschlagen. Den Weg zu Zufriedenheit und Glück mit der Familie und generell mit seinen Liebsten.

Denn Familie ist nicht nur Blutsverwandschaft. Es gibt auch Situationen, da hilft einem die beste Freundin, der Partner oder ein anderer wichtiger Mensch in seinem Umfeld weiter, mit den richtigen Worten und dem richtigen Rat. Hauptsache wir beschäftigen uns mit unseren Sorgen oder mit unseren Problemchen – und haben jemanden, mit dem wir darüber sprechen können. Jemanden, der uns bei der Lösung hilft, damit wir wieder glücklich werden. Familie, das sind also durchaus auch Menschen, denen man blind vertraut. Familie ist all das, was einem Kraft gibt in schwierigen Zeiten, all das, was einen in besseren Zeiten zum Lächeln bringt und all das, was einen Moment zum Erlebnis macht und wir ihn genau deshalb so genießen können.

Was ich mit diesem Buch sagen will, ist wirklich daraus entstanden, dass ich gesehen habe, wie zufrieden und happy

Oma Tag für Tag ist. Wie schön das Leben sein kann, wenn man selbstbewusst und mit ihrer Einstellung jeden Tag, jede Aufgabe meistert, egal, wie schwierig und unlösbar sie im ersten Augenblick erscheint. Wie man mit der Kraft der Liebe und Herzlichkeit am Ende immer der Sieger ist. Dass sich eine gute Tat immer rentiert und die richtige ist. Weil all unsere Handlungen irgendwann auf uns zurückkommen.

Ich habe schließlich angefangen, all das zu hinterfragen und habe gefühlt, wie dankbar ich sein kann, dass ich die Tipps von ihr mitbekomme, und wie egoistisch es wäre, dieses Glück nicht mit anderen zu teilen. Denn mir haben ihre Lebensweisheiten bereits sehr oft geholfen. Seht also dieses Buch und die Ratschläge von Oma als Wegweiser, der euch in Situationen im Alltag helfen kann, glücklicher zu sein und voranzukommen. Auf ihn könnt ihr eben mal still und heimlich zurückgreifen, in Situationen, in denen ihr vielleicht niemanden habt, mit dem ihr reden könnt, aber ein Tipp von Oma euch schon den Tag retten würde.

Ich würde mich wahnsinnig freuen, wenn ich euch so zeigen konnte, wie schön das Leben, wie kostbar die Zeit, wie wichtig die Familie und wie besonders jeder einzelne Moment ist. Denn mich macht nichts glücklicher, als euch glücklich zu sehen. Ich wünsche Euch nur das Beste und alles Liebe.

Euer Chris :)

adidas
93

DER AUTOR

Christian Krömer wurde 1994 in Nürnberg geboren. Seinen Mitmenschen ein Lächeln zu schenken, sie zu motivieren und zu begeistern, ist seine Passion. Gemeinsam mit seiner Oma Lissi (93) verbreitet er täglich auf seinen erfolgreichen Social-Media-Accounts gute Laune. Ihm wurde früh bewusst, wie wichtig die gemeinsame Zeit mit unseren Liebsten ist, und er hält daran fest, diese Botschaft zu verbreiten. Ein wahrer Familienmensch, der vielen Menschen zeigt, wie wichtig der Zusammenhalt ist. Chris schafft es, mit seinen zwei verschiedenen Augenfarben die Leute in den Bann zu ziehen und macht mit seiner positiven Ausstrahlung Lust auf ein glückliches Leben, mit all den Menschen, die man gernhat.

@lisbeth_lissi
@christian_kroemer

@lisbeth_lissi_chris

LIEBEN DANK

Vor etwa einem halben Jahr gab es die ersten Gespräche zu diesem Buchprojekt. Ich hatte noch keine klaren Vorstellungen, wie das Buch am Ende aussehen wird, doch wusste ich eines ganz genau: Es wird gut. Denn von Beginn hatte ich ein gutes Team um mich herum.

Ganz klar danke ich Oma und meiner Familie sehr, doch sie wussten bereits ohne dieses Buch, dass ich ihnen für immer unendlich dankbar bin, ohne Zweifel. Also möchte ich beginnen, ein riesengroßes Dankeschön an meine Redakteurin Franzi auszusprechen. Ihre Geduld mit mir, ihre Hingabe für dieses Buch, ihre Willenskraft bei der Umsetzung und auch die perfekte Planung und ihr Mitwirken, sind der Grund dafür, warum das Buch am Ende so schön wurde. Liebe Franzi, meine Familie und ich sind dir wirklich sehr dankbar für dein riesiges Engagement. Wenn ich Probleme beim Schreiben hatte oder einfach nicht wusste, wie es weitergeht, warst du da und hast mich immer unterstützt.

Wie auch bereits vor dem Buchprojekt stand mein gesamtes Management und meine Agentur hinter mir. So viele Erlebnisse und Momente, die ich auch hier im Buch beschrieb, habe ich euch zu verdanken. Ich bin unglaublich froh und stolz auf all das, was bereits passiert ist und was noch kommen wird. Liebe Vanessa und Jenny plus TPA-Family, ein Riesen-Dankeschön an euch.

So ein Buch veränderte natürlich einiges in meinem Alltag. Schon allein die Zeit, die ich hier investiert habe, in der ich Tag und Nacht daran gesessen bin und für nichts anderes Zeit hatte. Und trotzdem hatten meine Freunde Verständnis für mich, wenn ich gesagt habe: »Ich arbeite heute am Buch.« Ich liebe sie über alles, also war es für mich unglaublich schwer, während des Projektes genau diese gemeinsamen Momente, die gemeinsame Zeit, für die ich einfach lebe, zu missen. Doch nur durch euch habe ich die Kraft, das alles hier zu meistern. Denn ich weiß, ich kann auf euch immer vertrauen und lege ebenfalls für jeden von euch meine Hand ins Feuer.

Besonders wenn mir der Kopf raucht und der Sport nicht reicht, mich auszupowern, lieb ich jedes Gespräch mit euch, Hasan und Jan, danke für eure Loyalität, den Support, jedes Gespräch und wie ihr immer an mich glaubt. Ich lebe in einer WG mit dir, Tim. Du sitzt gerade sogar neben mir auf dem Sofa, während ich das schreibe. Auch wenn ich stundenlang an meinem Laptop arbeite, selbst oft abends, wenn es mal cooler wäre, gerade zusammen ein Glas Wein zu trinken oder Party zu machen, weiß ich, dass du immer zu mir hältst. Das ist wahre Freundschaft. Danke! Ich finde, der Glaube an die Sache ist immer der erste Schritt in die richtige Richtung. Auch bei euch, Stefan und Timo, weiß ich, dass ihr bei all meinem Blödsinn am Start seid und mir den Rücken stärkt sowie viele weitere Freunde, dich ich zu meiner Familie zähle. Ich danke euch allen so sehr, dass es euch gibt.

Das Beste kommt zum Schluss … Ich bin jedem Einzelnen der mein Buch gelesen hat, der mich Tag für Tag über Instagram und TikTok unterstützt, so dankbar, denn ohne euch wäre nichts so, wie es ist. Ich freue mich sehr auf jedes Gespräch mit euch über das Buch, wenn wir uns irgendwo mal treffen sollten. Fühlt euch fest gedrückt!

IMPRESSUM

Postfach 860366,
81630 München

GRÄFE UND UNZER

Gäfe und Unzer ist eine eingetragene Marke der GRÄFE UND UNZER VERLAG GmbH, www.gu.de

ISBN 978-3-8338-8213-5
1. Auflage 2021

Projektleitung:
Franziska Daub
Mitarbeit am Text:
Franziska Daub
Bildredaktion:
Simone Hoffmann
Lektorat: Christiane Kührt
Umschlaggestaltung und Layout: ki36 Editorial Design, Bettina Stickel, Marta Olesniewicz
Herstellung: Markus Plötz
Satz: Uhl + Massopust, Aalen, Alexander Gröber
Reproduktion: Ludwig Media, Zell am See
Druck und Bindung:
DZS Grafik, Slowenien

Umwelthinweis:

Nachhaltigkeit ist uns sehr wichtig. Der Rohstoff Papier ist in der Buchproduktion hierfür von entscheidender Bedeutung. Daher ist dieses Buch auf PEFC-zertifiziertem Papier gedruckt. PEFC garantiert, dass ökologische, soziale und ökonomische Aspekte in der Verarbeitungskette unabhängig überwacht werden und lückenlos nachvollziehbar sind.

Bildnachweis:

Cover: Steffen Oliver Riese, Nürnberg (Foto), Shutterstock (Illustrationen), Annie Spratt/Unsplash (Hintergrund)
Alle Bilder: Christian Krömer, mit folgenden Ausnahmen: Clara Dötsch/ photography_by_clara18: S. 9, 10, 44, 172, 175, 181; Shutterstock; S. 1, 2, 3, 4, 5, 6, 7, 16, 18, 37, 45, 56, 63, 70, 95, 112, 128, 150, 173; Steffen Oliver Riese: 38, 48, 93, 127; Ann-Kathrin Lehnert/fotografie@ annkathrinlehnert.de: S. 81, 82; Wir bedanken uns ganz herzlich bei Möbel Höffner Fürth/Nürnberg für die freundliche Unterstützung!

Syndication:
www.seasons.agency

GRÄFE UND UNZER

Ein Unternehmen der
GANSKE VERLAGSGRUPPE